「売れる個人」のつくり方

安藤美冬

Clover
クローバー出版

ロマンと冒険に憧れた私の「旅立ち」

こんにちは。

作家、コメンテーターの安藤美冬です。

主にビジネス書や自己啓発書を書く仕事をしています。

他にも雑誌やWebでのコラム執筆、トークショーや講演会への出演、有料ラジオの配信、オンラインサロンの運営と、「メディア」を舞台として様々な活動をしています。


私は名前の通り、美しい冬景色が見られる日本の北国・山形県で生まれ、東京で育ちました。生まれてしばらくは、スーパーサイヤ人のように髪の毛が全部立ち上がっていたまるで男の子のような赤ちゃんだったそうで、祖母が何度も櫛でとかして女の子らしくと頑張っても、一向に髪は立ち上がったまま。その後、無事に（？）髪の毛が落ち着いても、今度は大きなくりくりとした目がチャームポイントの、やっぱり男の子に間違えられる幼少期を過ごしました。

母にはフリルのついた可愛い服をたくさん着せてもらいましたし、アイドルやアニメに登場する魔法使いに憧れる女の子らしい面もありましたが、どちらかというと男の子向けの戦隊モノや漫画、アニメに惹《ひ》かれて、物心ついた頃には冒険小説を夢中で読むようになりました。学校帰りにランドセルを背負ったまま自宅近くの図書館に駆け込んで、端から端まで本棚を眺めて「今日の一冊」を見つける。それが本当に幸せな時間だったのです。

世界史の教師だった父から、歴史の話を聞くのも好きでした。中学時代に胸が一番ときめいたのはスペインの無敵艦隊で、時代が時代だったら志願したかったと真剣に想いを募らせるほど。まだ見ぬ新大陸に向けて、船で大航海するコロンブスの冒険物語にも興奮したのを覚えています。

そんなロマンを追いかける男の子のように育った私が、高校時代に船で中国へ渡ったのを皮切りに、いつか世界を飛び回りたい、大好きな本に関わる仕事をして人生そのものを冒険物語にしたいと願うようになったのは、ごく自然な流れだったのかもしれません。

そこで作家やジャーナリストになろうと思い立ち、彼らを多く輩出している大学と学部を調べ、慶應義塾大学法学部政治学科に入学。そして英語を勉強して、大学時代に念願のオランダへ、交換留学生として派遣してもらいました。

1年間の滞在中に米同時多発テロが起き、また欧州単一通貨ユーロの現金流通がスタートするという時代の大きな転換期にも遭遇。また当時のオランダではひとりあたりの労働時間を短縮し、仕事を分かち合うことで育児や大学院への進学、起業などを後押しする「ワークシェアリング」という働き方の制度が世界で最も進んでいることを知り、その後の私の人生観、仕事観に大きな影響を与えてくれたのです。

大学卒業後、新卒で大手出版社に入社。7年間勤務した後、「30歳からは自分の名前で、自分にしかできない仕事をしよう」と一念発起し、会社組織から離れてフリーランス（個人事業主）として独立したのが2010年、30歳の時です。

ところが辞めたものの、すぐに壁に突き当たってしまいました。

それまで、会社員以外ではアルバイトの立場で時間給としてしかお金を稼いだことのなかった私には、フリーランスとしてどうしたら仕事ができるのか、稼げるのかが分からなかったのです。決して大きな額ではない貯金が目に見えて減っていくのを尻目に、布団の中でひとり震える日々。今では笑い話ですが、つまらないプライドが邪魔をして、人に助けを求められませんでした。

通帳には退職して5ヶ月間「入金：0円」が続き、半年目でやっと3万円の売り上げ。誰からも連絡がないのだから仕事のオファーがあるはずもなく、「売れない個人」として、社会からまるで「蚊帳《かや》の外」のような存在になってしまったのです。

そんな中、私を可愛がってくれた母方の祖父が天国へ。

私はただのひとつも、フリーランスとしての仕事を報告できないまま、通夜で祖父の亡骸《なきがら》と対面しました。悲しくて、情けなくて、涙が止まらなかったです。

生前の祖父は、私が読書と文章を書くことが好きなことから、「美冬なら作家になれる」といつも励ましてくれました。大手企業を辞めることに心配もあったでしょうが、両親同様、祖父は黙って見守ってくれていたと思います。

かっこ悪くてもいい、今の自分にできる最大限のことをやろう。

そうして一念発起して、以前から得意だったブログ、Facebook、TwitterなどのSN

Sを使った発信に本気で取り組みはじめました。

「売れない個人」から、「売れる個人」へ

ブログで何をどう書くか、どんなタイトルをつけるのか、Twitterのプロフィールや投稿時間、投稿回数など、結果を出している人たちを見つけては研究し、トライアンドエラーを重ねること数ヶ月。次第に著名なジャーナリストや編集者たちの目に留まるようになり、少しずつ、自分の言葉を世間に届け、同時にSNSを通じて様々な仕事の依頼が舞い込んでくるようになったのです。

今でこそ「テレワーク」という新しい働き方は日本で広く知られるようになりましたが、その10年前から決まったオフィスを持たずにどこでも働く「ノマド（遊牧民）ワーカー」として、肩書きや専門領域にとらわれない自由でボーダーレスな働き方を実践。

2012年にはTBS系列『情熱大陸』『NHKスペシャル』に出演。Twitterだけでもフォロワー5万人を超える「SNSの女王」「元祖ノマドワーカー」「新しい働き方の

パイオニア」と呼ばれ、連日のようにメディアに取り上げられるようにもなりました。

その年の秋に発売された処女作は新人としては異例の初版部数ではじまり、全国6都市でサイン会を開催。ある書店のサイン会では、読者たちが長蛇の列をつくり、サインし終わるのに2時間以上かかったことも！

また、フリーランスとしての仕事だけでなく、アクエリアスやKLMオランダ航空など様々な広告にも出演。働く女性のアイコンとして、SNSでの大ブレイク、メディア出演、出版した本のベストセラー化、全国各地での講演、そして報道番組のコメンテーターや憧れの人たちとの対談を経験。

退職してから2年のうちに、目まぐるしく環境が変わったのです。

どうしたら〝幸せな〟「売れる個人」になれるのか？

しかしながら、「売れない個人」から「売れる個人」へと怒涛の変化を迎えて数年が経つ頃、私は苦しみと葛藤の中にいました。

独立して間もなく「売れる個人」となる幸運に与《あずか》ったはずが、〝ブレイク〟を果たした時期から、人生の「最高」だけでなく「最低」もいっぺんに味わうようになったのです。

達成感を感じるのは、ほんの一瞬。

朝になれば、再び深い絶望感とともに目が覚めるという毎日を繰り返していました。

程なくして、実は状況的にも感情的にも「浮き沈みの激しい」人生を送っている「売れる個人」が非常に多いことに気づいたのです。

「売れる個人」として経済的な成功を手にし、確固とした地位を築き、世の中で広く才能が認められても、必ずしもその人が幸せに生きているわけではないのです。

たとえば絶えず人とのトラブルを抱えていたり、家庭の問題に悩まされていたり、お金を騙し取られたり、晩年に事件を起こしたり、フォロワーとの〝攻撃〟に戦い疲れてしまっていたりというように、「売れる個人」は実に複雑な〝内情〟を抱えていることが分かったのでした。

私の心に問いが生まれたのは、必然だと言えます。

「売れる個人」だけではダメだ。
幸せな人生とセットになってはじめて、理想的な「売れる個人」は完成する。
では、一体どうしたら「売れる個人」として幸せに生きられるのだろうか？

その問いへの答えを出すにはまず、私自身が心を落ち着かせ、これまでの経験を整理するための時間が必要でした。

2017年の暮れに、様々な流れもあって、思い切ってSNSを休止。ほとんどの仕事を一旦手放し、約750日間に及ぶ「思索の時間」を過ごすことになったのです。

そうやって世間から離れている間に、私はとても重要な結論にたどり着きました。

「売れる個人」は、「エネルギーの量と質」で決まる。
特に心をポジティブに保ち、「エネルギーの質」を高めることが人生を左右する！

「エネルギーの量と質」のうち、特に「エネルギーの質」を高めれば、あなたは必然的に「幸せ」「感謝」「情熱」「希望」といった、ポジティブな感情を日々感じられるよう

になります。あなたを苦しめるような「絶望感」「罪悪感」「不安」「不平不満」というようなネガティブな感情を感じることは減り、感じたとしても、すぐにポジティブな状態に戻ってこられるようになります。

また、**「エネルギーの量と質」を高めれば、自分にとって今やるべき最も効果のある行動が「分かる」ようになります。それは「確信」「ひらめき」として、あなたが決して見逃せないほど確かな感覚としてやってきます。**

「行動」が人生をつくるということが世間での常識です。確かに行動は大切ですが、その前に、自分の「エネルギーの量と質」を高めることができれば、行動量を減らしても、以前よりもずっとスムーズに、かつ大きな収穫が得られるようになるのです。

これまで「10の行動」をしていたなら、「3、4の行動」でこれまでと同じ、もしくはそれ以上の結果が出せるようになります。言い換えれば、「エネルギーの量と質」が低いままで行動を起こしても、それは平凡な結果に終わるか、困難の多い道のりになるか、墓穴を掘りかねないのです。

こうしたことは本書で詳しく説明していますので、楽しみに読み進めてください。

「売れる個人」として華やかな〝成功〟を味わっていた頃、数多くの出版社からオファーをいただきました。その中には、「成功するフリーランスになる方法」「ブランド力のある個人になる方法」というような、世間一般が考える〝成功〟した「売れる個人」のノウハウを書く企画もありました。

なぜ「売れる個人」のピーク真っ只中にいた当時の私がそれを辞退し、今書くのかというと、**『売れる個人』のつくり方」は、今の私だからこそ完成形を書ける**からです。

以前のような、**一見〝成功〟していても幸せではない私ではなく、〝幸せ〟も「売れる個人」も知り、体験し、30代の10年間で、のべ10万人以上の「売れる個人」「売れない個人」を見続けてきた現在の私**だからこそ、本書を世に出すことができます。

それではプロローグの締めくくりに、本書の構成をざっくりとお伝えしましょう。

本書では、「売れる個人」になるための「マインド」と「戦略」を、5つの章で説明していきます。

第1章、第2章は「マインド」編です。

第1章では「売れる個人」になるために最も大切な「エネルギーの量と質」、特に大切な「エネルギーの質」を高める方法を、第2章では「エネルギーの質」を高めることによって生まれる「確信」という最強の感覚と、「売れる個人」になるメリット・デメリットをお伝えします。

続く第3章から第5章までは「戦略」編です。

第3章では「売れる個人」をつくる「心構え」としてオリジナリティをつくる方法を、第4章ではブランディングの観点から「戦略」を、第5章ではSNSやマスメディアを使った「発信」に重点を置いて、「売れる個人」をつくる具体的な方法を伝授していきます。

第1章と第2章を読み込んで、あなたの心の状態をポジティブに保ってエネルギーを高めていけば、「戦略」編を読み進めるうちに、あなたが「売れる」ための最善の戦略はどれなのか、必ず「分かる」ことでしょう。

ぜひ何度も読み返し、その時にあなたに必要な「戦略」を行動に移してください。

また本書の内容は、フリーランス（個人事業主）や経営者など、個人として働いている方はもちろん、会社員や主婦、学生など、その他の様々な立場の方にとっても参考になるはずです。なぜなら、今はSNSという「自分メディア」を誰もが持ち、置かれている立場に関係なく「個人の力と価値」が求められる時代だからです。

このページをめくれば、そこは皆さんにとって新しい世界。

「旅立つ」準備ができたならば、私からあなたへ、歓迎の言葉を伝えましょう。

「売れる個人」の世界へ、ようこそ!

目次

「売れる個人」のつくり方

PROLOGUE

1章 すべてはエネルギーの量と質で決まる

2章 売れることへの確信を持とう

3章 売れる個人をつくる「心構え」

4章 売れる個人をつくる「戦略」

話し方戦略

5章

売れる個人をつくる「発信」

6章 売れる個人から、「エンパワーする個人」へ

1章

すべてはエネルギーの量と質で決まる

すべてはエネルギーの量と質で決まる

本書における最も大切なことを、早速あなたにお伝えします。

売れる個人は、「エネルギーの量と質」で決まります。

これさえ覚えておけばいい、というくらい重要なことです。

自分に使えばあなたは売れるチャンスをつかみ取ることになりますし、このことを本当に理解すれば、他者の分析やプロデュースにも使えることでしょう。

なぜその人が今売れているのか理由が分かるだけでなく、将来売れるかどうかも見通すことができるようになります。

『ドラゴンボール』に出てくるスカウターのように人のエネルギーの数値を機械で測ることはできませんが、むしろ私たちは、機械よりも正確なスカウター機能を兼ね備えています。

それは、体感覚です。**体感覚とは、エネルギー（気）を感じ取る動物の本能として兼ね備えたデフォルト機能であり、スマートセンサーのように正確なものです。**

あなたも一度は、こんな表現を聞いたことがあるはずです。


「あの女性はすごく**オーラ**がある」

「最近入社してきた新人には、**カリスマ性**があるね」

「彼は独特の**存在感**があって、周囲から一目置かれている」

「社長が会議室に入ってくるだけで、パッとその場が**華やぐ**」


太字のワードはすべて、「エネルギーの量」がある人の特徴です。

私たちはたとえ目に見えなくとも、人から発せられるエネルギーの大きさ、量の多さを感じ取り、それを上記のように表しているのです。

また、波長が合う・合わないという表現からも分かるように、私たちは知らず知らずのうちにお互いの「エネルギーの質」を感じ取り、影響を与え合っています。


「彼の発する**気が良い**から、一緒にいると**癒されるし安心する**」

「あなたと話していると、私まで**元気になる**」

「お稽古の先生と話していると、**楽しくて**時間があっという間に過ぎる」


一緒にいると元気になれる人もいれば、逆にドッと疲れてしまう人もいます。

あなたとのエネルギーの波長が合うか、彼らのエネルギーの質が高ければあなたは元気になるし、あなたと波長が合わないか、彼らのエネルギーの質が低ければあなたはネガティブな状態を経験することでしょう。

エネルギーの質が高く量も多い人は、「元気が出る」「癒される」「楽しい気持ちになる」と多くの人に感じさせます。結果、周囲から愛され、応援され、仕事の場面でも良好な関係を築くことができるのです。


一方、エネルギーの量は多くても質が低い人の人生は、浮き沈みが激しくなりがちです。

彼らの多大なパワーは経済的・社会的成功を生む可能性が高いのですが、もたらすのは成功だけではありません。幸せや満足を感じるどころか、周囲との軋轢《あつれき》やトラブルに悩まされる人も多いのです。

そしてエネルギーの質が高くて量が少ない人は、日々の幸せ度は高く、穏やかな人間

エネルギーの4分割マトリックス

関係に恵まれていることでしょう。

しかしながら、「こんな機会を待っていた！」というような人生を一変させるほどのビッグチャンスや、「全身全霊で取り組みたい！」というような情熱の持てるライフワークには出合いにくいかもしれません。

馬力に欠け、物事を進める力や現実化する力が足りないからです。

一方で、エネルギーの質が低くて量も少ない状態にいる人もいて、こうなるには色々な理由があります。

自信を失くしている状態だったり、無気力になってしまったり、自分の思い通りにいかない経験を重ねて人生に深いあきらめを感じている場合などです。

エネルギーの量と質は、車の両輪の関係

エネルギーの総量は、「量＋質」ではなくて「量×質」の数式で表されます。

たとえ量が１００あったとしても、質がマイナス10だったら（ネガティブな感情の状

態にいたら)、掛け合わせるとマイナス1000という、大きなマイナスになってしまいます。

F1のスポーツカーを思い浮かべてみてください。

サーキットをものすごいスピードで疾走する時、両輪がバランスよく働かなければどうなるでしょうか。そう、車体は勢いよくクラッシュしてしまいます。

もし誰かのエネルギーの量が非常に多い状態(=F1の車)であれば、それと同じくらい、質を高めることが大切になるのです。

エネルギーの量と質は、まさに車の両輪と言うべき関係です。

本書を読み進めながら、あなたの量と質はどうなのか、よく分析してみてください。

大抵の人は、どちらかに偏っているか、いずれも乏しい状態にあります。

でも、ご安心ください。

エネルギーの量と質を高めることはできます!

そのための要素を知り、あなたの日常生活の中で改善したり取り入れたりすれば、どんなにエネルギーの量が少ない人でも、また質が低い人でも、理想的な状態へと近づいていくことでしょう。

エネルギーの量と質を決めるもの

では、エネルギーの量と質を左右する要素をそれぞれ挙げていきます。

エネルギーの量を決めるもの

*コンプレックス
*怒り
*挫折経験、失敗経験
*欲望（強い想い）
*夢、希望、目標
*信念、志

＊行動量
＊先祖や親から受け継いでいるもの、ＤＮＡ
＊気力、体力、健康状態（バイタリティ＝生命力）

エネルギーの質を決めるもの

＊感情（心）の状態
＊ものの見方、捉え方（認知のパターン）
＊思考、考えていること
＊日々を楽しんだり、リラックスしたりする姿勢
＊食べもの
＊睡眠の質
＊周囲との人間関係

性別でひとくくりに語ることはできませんが、どちらかといえば男性はエネルギーの

量を高めることが得意で、女性は質を高めることが得意なようです。

ところで、エネルギーの量を決める要素一覧を見て驚いたかもしれません。ずらりと、どちらかというと「ネガティブな要素」が並んでいますよね。

けれどもコンプレックスや怒り、欲望、挫折経験そのものは決して悪者ではなく、マイナス要素を糧《かて》にして、力強く歩む人もいます。

たとえば家の厳しい経済状況や引っ込み思案な性格など、一見マイナスと思えるような要素が、その後起業して大きな富を築いたり、人見知りを克服してコミュニケーション術の第一人者として活躍したりするという成功につながることがあります。

コンプレックスや欲望は、〝クリーンエネルギー〟に変えていこう

ただ、これまでの〝成功〟は、エネルギーの量にばかり重点が置かれ、またそういう

人が世の中で実際に売れていきました。

連日マスコミを賑わすような経営者や著名人たちの多くがエネルギーの量がとても多い状態にあるのは、彼らの情熱や、圧倒的なカリスマ性や行動力からも見て取れます。

圧倒的なエネルギーの量があれば、一時、華やかな〝成功〟を手にすることができるかもしれませんが、エネルギーの質を高める努力を怠ってしまえば、その成功は陽炎《かげろう》のようにいつかは消え去ってしまうか、困難の多い道のりを歩むことになるでしょう。

こうした人生は、あなたが望む「売れる個人」の理想形ではないはずです。

このように躓《つまず》かないためにも、感情をポジティブな状態に保って、エネルギーの質を高めていきましょう。

具体的に言えば、コンプレックスや欲望という〝ガソリン〟はエネルギーの量を高めるために使いながら、自分の感情をポジティブで質の高い〝クリーンエネルギー〟に変えていくのです。

感情の「合格ゾーン」と「不合格ゾーン」

エネルギーの質を決める要素はいくつかありますが、本書で特にページを割いて取り上げたいのは、感情（心）の状態です。まずは感情の仕組みから説明していきます。

エネルギーの質は、「8割」が心の状態で決まり、その人の感情の状態がポジティブか、ネガティブかが影響します。

つまり、あなたの感情が「合格ゾーン（ポジティブな感情の状態）」にいるのか、「不合格ゾーン（ネガティブな感情の状態）」にいるのかによって、あなたのエネルギーの質が決まり、人生に大きく影響するのです。

ポジティブ、ネガティブという感情のメモリが、上から縦一列に並んでいるのを想像してみてください。

「喜び／確信／愛／感謝」といった感情が一番エネルギーの質が高く、「おそれ／絶望／無気力」が最も低い感情です。

感情のメモリと感情の合格・不合格ゾーン

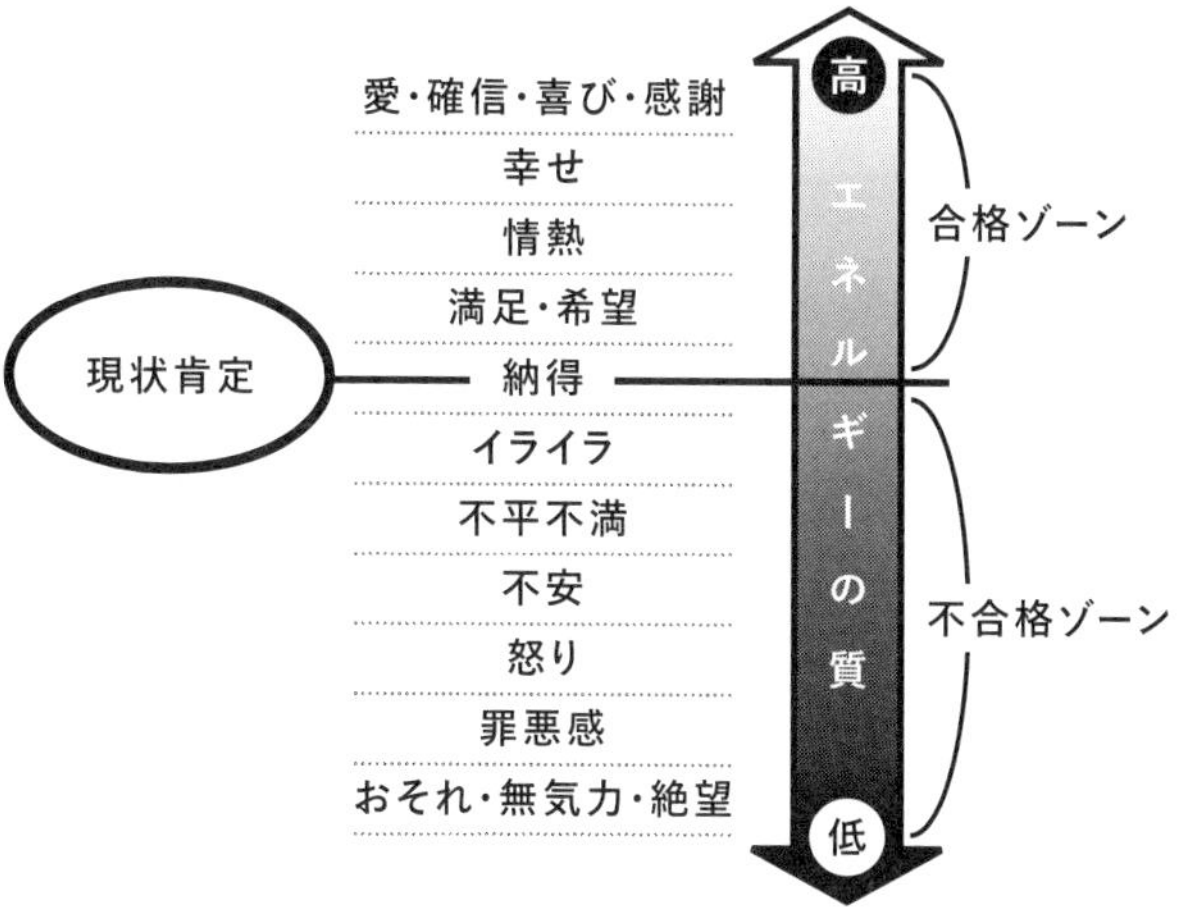

感情のレベルをイメージするには、『欽ちゃん＆香取慎吾の全日本仮装大賞』という番組に出てくる「得点パネル」が最も分かりやすいでしょう。国民的な長寿番組なので、ご存じの方も多いと思います（私も子どもの頃、夢中になって観ていました！）。

ステージで仮装を披露する人たちの横には、大きなメモリのセットが用意されていて、審査員たちが「このパフォーマンスは良い！」と判断してスイッチを押すと、メモリの電飾がついていきます。スイッチを押す審査員の人数が増えて、メモリの電飾がどんどん上に伸びて一定ラインを超えたら、

「納得」が、「合格ゾーン」の入り口

「合格ゾーン」と「不合格ゾーン」を分ける感情は、「納得」です。納得は、現状への肯定と言い換えられます。

納得を含む上がポジティブな感情の状態を表す合格ゾーンで、納得より下がネガティブな感情を表す不合格ゾーンです。

感情は、一日のうちに何度も上下します。

ウマの合わない会社の同僚とのやり取りに「イライラ」することがあっても、美味しいランチを食べれば「ま、いっか（納得）」と思えるでしょうし、帰宅時にふと電車に揺られながら、将来に漠然とした「不安」を感じるかもしれません。

それでも、「合格ゾーン」の上のほうの感情と「不合格ゾーン」の下のほうの感情を一日で感じることはごく稀《まれ》で、大抵は、近いメモリの感情を行き来します。

「納得」は合格ラインを少しだけ超えた、ぎりぎりポジティブ寄りの感情で、ポジティブとネガティブの分岐点に位置しています。

「面白い映画でも観に行こう」とより高い満足感を得るための行動につながることもあるし、「まあ、どうでもいいか」とあれこれ悩むのを手放すこともできる、ポジティブの入り口にある感情なのです。

「納得」まで来たら、「情熱」「希望」「幸せ」という、より高い合格ゾーンの感情はもう目の前！

もしあなたが、「不合格ゾーン」の感情で過ごすことが多いなと感じているのであれば、「納得」をまずは目指してみましょう。

一歩一歩、感情のレベルを上げていく

ただし、一気に感情のメモリをジャンプアップさせようとはしないでください。

家に引きこもって「自分はなんてダメなんだろう」と「自己嫌悪」でいっぱいだった

り、「何もかも社会が悪い！」と「怒り」を抱えていたりする人が、いきなり「愛」や「感謝」を感じるとは思えませんよね。

感情のメモリは、35ページの図のように階段のように並んでいます。階段を何段も飛ばして上ることができないように、感情の仕組みとして、**自分の「デフォルトの感情」から遠く離れた感情は認知できない**ようになっています。

少しずつ感情のメモリを上げていって、「合格ゾーン」に長く留まれるようにしましょう。

「怒り」はとても強い負の感情のように思えるけれど、「絶望」や「無気力」よりはずっといい状態です。

なぜなら、仮に怒りを持つところまで行けたら、絶望や無気力のようにまったく心が動かない状態に比べれば、不合格ゾーンの感情とはいえエネルギーが高まっていると言えるからです。

一歩一歩で構いません。足踏みするところがあっても焦らないでください。

こうした感情の仕組みが分かってくると、たとえ不合格ゾーンにいても、悲観的にならなくてもいいと思えるでしょう。

「デフォルトの感情」を知る

感情を合格ゾーンまで上げるために、まずは自分の感情を見つめましょう。

感情を正しく把握するのは、案外難しいものです。

不安や悲しみを隠して明るくふるまう〝えせポジティブ〟になっていたり、怒りや不安を長く押し殺してきたためにすっかり心が麻痺している人もいます。自分の感情が「不合格ゾーン」だとは認めたくないという抵抗が出てくるかもしれません。

あなたの「デフォルトの感情」は、一体、メモリのどこにあるでしょうか。

「デフォルトの感情」とは、一日のうちに上下する感情の中で最も多くあなたが感じる感情であり、「居場所」とも呼ぶべきものです。たとえば「心配」の人もいれば、「情熱」の人もいるし、「罪悪感」という人もいます。

デフォルトの感情を知るには、たとえば朝起きた時や、仕事で一息ついた時など素の状態の時に、どんな気分でいるかに着目してみてください。ふと、空を見上げた時に感じる感情も、あなたの感情の居場所を示してくれることがあります。

そして、その気分を言葉にしてみましょう。

楽しい、嬉しい、虚《むな》しい、悲しい、悔しい……など、あるがままに表現したら、「感情一覧表」を参考に、最もしっくりくる感情を見つけてください。

そして、少しずつ上のレベルを目指します。

感情一覧表

「合格ゾーン」の感情

愛　楽しさ　嬉しい　喜び　自由　気づき　自信　感謝　感激　感動　情熱　やる気
熱狂　興奮　幸せ　信頼　至福　楽観　希望　満足　納得　確信　心地よさ

「不合格ゾーン」の感情

おそれ　絶望　無気力　無力感　罪悪感　憎しみ　怒り　嫉妬　無価値感　挫折感
恥ずかしさ　失望感　落胆　復讐心　心配　疑い　不安　不平不満　ストレス　焦り
悔しさ　敗北感　イライラ　不足感　欠乏感　悲観　退屈　虚しさ　寂しさ

感情を「合格ゾーン」へと導くための「ひとりトーク」

では次に、感情を「合格ゾーン」へと上げるための具体的なメソッドをお伝えします。

まずは、ノートとペンを用意してください。

スマホのメモ機能やパソコンでもいいのですが、可能な限り「手書き」をお勧めします。スマホやパソコンだと、「正しく書こう」と思考が入り過ぎたり、文字の変換の過程で「ちゃんとしよう」という気持ちが強くなったりするからです。

ここでのポイントは「あるがままの感情を書き出す」という目的を果たすことなので、誤字脱字があっても気にせずに、手書きで勢いのままに書き出していきましょう。

ノートとペンを用意したら、なぜその感情にいるのか、自分と丁寧に対話をしながら書いていきましょう。

このプロセスを、私は**「ひとりトーク」**と名づけています。

あなたがもし、今「失望感」にいるとしたら、その理由を対話形式で探っていきます。

失望感を感じているのは、仕事のギャラが良くないからだ

⇐

待遇が悪いせいで、自分に価値がないと感じてしまう

⇐

自分が本当に感じているのは、「無価値感」なんだ

⇐

そうか、私は自分の価値を感じたいのだ

⇐

もし才能があれば、無価値感を感じないで済むのに

⇐

じゃあ、才能をどうやって磨けばよいのか、前向きに考えよう

こうして自分と対話してみると、失望感という感情は、「自分には価値がない」という本心があるからこそ湧いてきた、ということが見えてきます。

「ひとりトーク」の目的は、ものの見方、捉え方、思考をポジティブに変換させることです。

心の状態が人生に大きく影響するのにもかかわらず、「感情」を学ぶ機会はどこにもありません。だからこそ私たちは、日々起きる出来事にただ感情的に「反応」しながら過ごしています。

その反応するプロセスをひとりトークを使って丁寧になぞっていくことで、自分の心の底に潜んでいる本音や本当の感情に気づいてあげましょう。

ネガティブな感情は、気づくと消えるという性質を持っています。

理由が分からないまま、繰り返し感じていた「失望感」の裏側にある本心に目を向けることで、スッキリした感覚を味わうはずです。

ひとりトークを重ねていくことによって、あなたのネガティブな感情は少しずつ解放

されていき、「不合格ゾーン」から「合格ゾーン」へと着実に変わっていくことでしょう。
こうして、少しずつエネルギーは上がっていきます。

ゲーム感覚で感情のメモリを上げていく

気をつけたいのは、理由を探ろうとして自分の過去を深掘りし過ぎないこと。

過去の辛さにフォーカスしてしまったら、かえって感情が落ちていくこともあるからです。今を幸せに生きるために自分の感情を見つめているのですから、「今、幸せを感じる」「今、より良い気分で過ごす」ということを大切にしましょう。

自分の感情、特にネガティブな感情と向き合い手放していくプロセスは、とても根気が要ります。更には、ポジティブな感情をなるべく長い間キープできるようになるにも、時間がかかります。

スタートするのには強い意志が必要ですし、「よし、やるぞ！」と気合いを入れても三日坊主で終わっては意味がありません。習慣化するためにも、〝筋トレ〟のようにはじめのうちは毎日意識しながら、自分の感情が「合格ゾーン」にいるのか、「不合格ゾーン」にいるのかを見極めつつ、メモリを上げていくことが大切です。

習慣化できれば楽になりますし、一度でも感情が上向いているのを実感できれば、その効果にあなたは驚き、進んで向き合っていくことでしょう。


ただし、深刻になり過ぎないでください。

根気強さは必要ですが、眉間にシワを寄せて取り組むものでは決してないからです。

むしろ、ゲーム感覚でプロセスを楽しみましょう。

自分の中にあるネガティブな感情に気づき、対話し、手放すたびに、心がスッキリと晴れやかになる感覚は最高です！

そして、その感覚を味わうほどにあなたの心はどんどんと軽くなっていって、様々なひらめきに恵まれ、行動できるようになります。

エネルギーの質を高める8つの方法

感情へのアプローチに加えて、私たちのエネルギーの質を高める方法をまとめてご紹介します。共通しているのは、「楽しさ」「感謝」「心地よさ」など、結果的に「合格ゾーン」の感情を感じられる点です。

どの方法も、効果は実証済み。

あなたが取り組みやすいもの、ピンとくるものからはじめてみてください。

①「やりたいことリスト」「行きたいところリスト」「食べたいものリスト」を常備する

スマホのメモ機能、ノートや手帳に、「やりたいこと」「行きたいところ」「食べたいもの」をリストアップしていきます。そして、テレビや雑誌、口コミなどで気になる情報を得るたびに、リストを更新していきましょう。

そしてふと時間が空いた時にリストを見返してみて、「やりたいことリスト」に入れていた本をKindleで買って読んだり、今いるエリアにあるオープンしたばかりの雑貨屋に足を運んでみたりするのです。

私の場合は、YouTubeで見つけた料理のレシピを保存しておいて、仕事が落ち着いた休日にまとめてつくっています。また、人との会話で気になった「東京の本格日帰り温泉」「紅茶とスコーンが美味しいカフェ」などもそれぞれリストアップして、休みの予定を立てる時や、打ち合わせ場所を探している時に活用しています。

やりたい、行きたい、食べたいという願望や興味をひとつずつ満たしていくだけで、日々の充実感のレベルがグッと高まるはずです。

②「感謝ノート」を習慣にする

「感謝ノート」とはその名の通り、日々の生活で感謝したいことや感謝したことを記録していくノートです。朝起きてコーヒーを飲む時間や移動中の車内、休憩時間、寝る前など、一日の空いた時間を使ってつけていきます。

美味しいコーヒーの味と香りに、面白い本に、友人からお勧めのお店を紹介してもらったことに、上司とのにこやかな挨拶に、清潔に保たれたオフィスのお手洗いに……。

これを習慣にしていくと、いかに素晴らしい人や出来事に恵まれているのか、人に支えられているのかを実感するはずです。

「感謝ノート」は単に気分が良くなるだけでなく、「物事の良い面」「人の素敵なところ」に目を向ける訓練にもなります。

③こわいことをやる

あなたが最もこわいこととは、人生のブレイクスルーをもたらす可能性があります。

躊躇していること、恥ずかしいこと、考えただけでも逃げ出したくなるようなことには「おそれ」という感情のエネルギーが膨大にあり、能動的に「こわいこと」をやってネガティブからポジティブな方向性にエネルギーを動かすことで、あなたの人生は大きく変わっていくことでしょう。

ポイントとしては、まず「こわいことリスト」をつくり、「これならできそう」と思える小さなおそれから少しずつ試し、次第に根深く大きなおそれへと手をつけていくこと。

ひとつずつ乗り越えるたびに爽快感を感じたり、「なんだ、思ったほどではなかった」と良い意味で拍子抜けしたりするはずです。

そのたびに、あなたのエネルギーは飛躍的に高まっていきます。

※おそれの手放し方には様々なやり方やコツがあります。
もっと深く知りたい方は、拙著『新しい世界へ』（光文社）をお読みください。

④自分の浄化をする

モノの片づけをするように、自分自身の片づけ（＝引き算）をすることも効果があります。引き算の代表格が、浄化（セルフ・クリアリング）です。

自分自身に溜まっている「マイナス」なモノを浄化することで、自然とエネルギーを高めていく方法です。

具体的には、断食（ファスティング）、粗塩や日本酒を入れたお風呂に浸かる、浜辺を裸足で歩く（足裏から邪気が出ると言われます）。また、汗をかくのもお勧めです。運動して身体を動かすだけでも気分転換になりますし、サウナで発汗するのも、スッキリします。

手軽で効果が高いのが、泣くことです。最強の浄化法と言ってもいいくらいです。涙とともに、日頃自分の内側に溜めてしまっている様々な感情を解放しましょう。私はYouTubeで「泣ける動画」を随時ストックして、モヤモヤした時にこまめに泣くようにしています。

⑤良質な食事と睡眠

健康的な食事と睡眠は、私たちの身体をつくる大切なもの。
私の場合は、遅延型アレルギーを引き起こす食材や体質に合わないものを調べた結果、食生活が変わりました。現在はお肉を減らして、野菜や魚介類中心の食生活を送っています。

またベッドに入る1時間前からスマホを見ない、就寝時は寝室以外の場所にスマホを置くなど、ひと工夫するだけでも睡眠の質は上がります。

⑥「お気に入りアイテム」を使う

心のスイッチが「快」になるようなアイテムも手軽にあなたの気持ちを上げてくれます。

好きな香りのアロマオイルを嗅ぐだけでも気持ちが華やぎますし、ルームスプレーやシャンプーも取り入れやすいでしょう。

肌触りの良いタオル、部屋に飾るだけで活力が湧いてくる綺麗なお花、身に着けるだけで気分が上がるアクセサリーなど、自分が「心地よい」と感じるモノにアンテナを立て、これまで以上に意識して集めてみてください。

私はお風呂に入るのが好きなので、自宅にはバスソルトや入浴剤、ボディスクラブなどがたくさんあります。少しでも気分が下がった夜はサッと入浴するだけでも、気持ちが前向きに切り替わります。

⑦エネルギーの高い場所に行く

エネルギーが高いと言われるパワースポットはもちろんですが、そうした場所にわざわざ行かなくても、近所にある「お気に入りの場所」でも十分です。

一般的には、「風通し」「見晴らし」「日当たり」の良い場所には良いエネルギーが満ちていると言われます。たとえばホテルの高層階にあるティーラウンジや、緑に囲まれたレストランのテラス席はとても気持ちが良いですよね。

あなたにとって「ここに行くと、パワーが充填される」と感じられる場所を複数見つけて、ここぞという時に足を運んでみてください。

⑧エネルギーの高い人と関わる

場所だけでなく、人もエネルギーに大きく影響します。

一緒にいて心地よく楽しい人は、今のあなたと波長が合うだけでなく、エネルギーを高めてくれる貴重な存在です。

リアルで会えるような人だけでなく、本を読んだり、動画を観たり、オンラインイベントに参加したりというような「間接的な」つながりでもOKです。

ハツラツとした姿を目にするだけで元気がもらえたり、発信を見ているとなぜだか前向きな気持ちになれる――そう感じる人とのご縁をぜひ大切にしてください。

自分の心と向き合った3年間

以前の私のデフォルトの感情は、「不平不満」や「不安」にありました。

少しでも意見が違ったりソリが合わない人がいると、嫌だなと感じたり、仕事の待遇に不満を抱いていました。そういう日々を送っていると、周囲との穏やかなつながりを感じにくくなるため、私の心には常に漠然とした不安があったのです。

でもある日、そんなふうにしか生きられない自分がとことん嫌になりました。

「私は不平不満を言うために生まれてきたんじゃない！　愛や感謝を日常的に感じる人

になりたい！　本来の私は、もっと幸せに生きられるはず」と。

そして、ちょうどSNSやネットから離脱することを決めたタイミングと重なったこともあって、これまでネットに費やしていた時間をすべて「感情と向き合う」ことに注ごうと決意したのです。

更には、仕事をグッと減らしてでも、自分の感情の状態を上げていくことに全時間とエネルギーを費やすことにしました。

それだけ時間がかかるだろうし、価値があると直感したからです。

そう決めてからは、日常のあらゆる機会を使って、「感情をコントロール」することに費やしてきました。先述した「ひとりトーク」に加えて、「こわいことリスト」を書いてひとつずつ実行したり、「感謝ノート」を書いて良い気分を持続したりするなど、様々な方法を編み出しながら3年間、毎日取り組んできたのです。

また、エネルギーを上げるための取り組みだけでなく、「エネルギーを下げない」ように心がけてきました。

たとえば、「自分を責める」のをすっぱりやめたこと。

それまでは、何かに躓《つまず》くと反射的に「自分の何が悪かったのか」「もっと配慮すべきだった」と自責モードに陥っていましたが、「自分を責める」のは「自己批判」「自己嫌悪」に通じる「不合格ゾーン」の感情であることを思い出し、すぐに気持ちを切り替えるようにしたのです。ぐずぐずとネガティブな状態を引きずらなければ、「自責」は前向きな「改善」へのきっかけとして使うことができます。

そして、地道に感情のメモリを上りながら、今いる場所で小さな幸せを感じることも心がけました。美味しい、楽しい、幸せといった感情を日常の様々な場面で感じていくうちに、着実に私の心は変わっていったのです。

すると、それまで「不平不満」や「不安」がデフォルトの感情だったのが嘘のように、たとえ望まない出来事や人に遭遇しても、ネガティブな感情を感じにくくなりました。むしろ、これまで嫌だなと感じていた人でも「可愛らしいな」と思えたり、その人の良い面を自然と見られたりするようになったのです。

そして、そうした私の変化に応えるかのように、素晴らしいチャンスや出会いにもどんどん恵まれていったのです。

今でも多少は不安や心配、欠乏感などを感じることはありますが、ネガティブな状態に入ると〝違和感〟としてすぐ気づくので、早ければ数十秒から数分、どんなに長くても30分から1時間ほどで元のポジティブな状態に戻ってこられます。

2章

売れることへの確信を持とう

確信は最強の感覚

第1章では、「エネルギーの量と質」が最も重要で、特に感情レベルを上げていき、エネルギーの「質」を高めていくことが「売れる個人」になるためのポイントだとお伝えしました。

エネルギーの質を高めていくと、あなたの心に突然、ある感覚が芽生えます。

それは、「確信」です。

「私は○○になる」「このプロジェクトは絶対に成功する」と確信を持っている人の行動は、確信を現実に変えるほど強く、勢いがありますよね。

確信は「自信」を遥かに凌駕《りょうが》します。

自信ある・なしの領域を超えて現実を呼び込んでくれる、最強の感覚なのです。

つまり、「売れる」という確信を本当に得られたら、あなたは必ず「売れる個人」になります。

ここで、確信のパワーを感じざるを得ない私の実体験をご紹介しましょう。

就職活動をしていた大学時代のことです。オランダへの交換留学から戻ってきて、夏から秋にかけて就職活動をしたものの、すべて不合格。

就職浪人した翌春も不合格続きで、書類審査が通過しても、筆記試験で落ちる、面接で落ちるということが続きました。

80社以上こんなことを繰り返してもうダメだと絶望しかけた頃、ある会社のエントリー情報が目に飛び込んできたのです。その会社こそが、後に内定をいただき入社することになった大手出版社です。

エントリーシートを目にした瞬間、「この会社に内定をもらう」と〝わかり〟ました。

そうなるだろうという「期待」とか、「予想」とかではありません。

この感覚は説明がつけにくいのですが、あえて表現するなら「確信」、絶対揺らがないというものでした。何十社も落ち続けているにもかかわらず、倍率何百倍とも言われる出版社に確信を感じるというのは、冷静に考えればおかしな話です。

実際に、エントリーシート、筆記試験、数回の面接を通過し続け、そのプロセスにおいてまったく不安がありませんでした。
不採用のはずはなく、絶対に採用だと〝わかって〟いたのですから。

確信を強める方法

この不思議な体験から、「確信」という感覚について深く考え、研究するようになりました。そもそも人にはある種の動物的な感覚が備わっているはずですが、あまりにも現代の生活が「思考」に偏った結果、直感やひらめき、体感覚が鈍ってしまっています。

私自身が、確信を感じた会社から本当に内定をいただき入社したように、確信という不思議な感情エネルギーは、それを現実にするためにあらゆる方法を使ってあなたを成功へと導くと言ってもいいのです。

では、確信を強めるにはどうしたらいいのでしょうか。

そして、確信を妨げているものは何なのでしょうか。

確信を強める第一の方法は、「感情のメモリを上げる」という、先述した方法です。

「確信」は「合格ゾーン」の中でも、トップに位置する最もエネルギーの質が高い感情です。つまり、「愛」「喜び」と同レベルのもの。

ですから、あなたが「絶望」「不安」「怒り」などにとらわれていたら感じられないのはもちろん、「納得」のレベルでも足りません。

好きなことに熱中していたり、毎日の生活に充実や幸福を感じている状態を長くキープすればするほど、この状態に近づいていきます。

第二の方法は、「心から求めるものに素直になる」ことです。

私たちは自分の望むもの、求めるものが、自分の本心から湧き上がったものではなく、世間や周囲の人が「良い」とするもの、あなたに求め、期待するものを「自分の望むものだ」と勘違いしているケースがよくあります。

ひょっとすると、時間を取って「自分の望むものは何だろう?」と、じっくりと考えたことがない人もいるかもしれません。

本当はすごく求めているのに、自分には無理だと最初からあきらめてしまっていたり、「これでは評価してもらえないから」と、思考で打ち消す人もいるでしょう。

いずれにせよ、本当に心が求めるものでなければ、確信という真の力を味方につけることはできません。心の底から素直に望むからこそ、一見したらあり得ないような出来事や人とのご縁を引き寄せるのです。

第三の方法は、「リラックスする」ことです。

疲れていたり緊張状態にあったりすると感覚は鈍くなっていきますし、調子を崩している時は「不安」や「心配」にフォーカスしてしまいがちです。

また確信を持とうと、気合いを入れるのも逆効果です。

なぜなら〝やる気〟には、緊張感があるからです。

「モチベーションMAX」の状態にいる誰かを想像してみてください。

その人は、きっと必要以上に肩に力が入り過ぎているし、熱くなり過ぎてもいるでしょう。それはやる気を出しているがために身体と心に負荷をかけている、不自然な状態なのです。

不自然である以上、長続きもしません。

身体と心をゆるめて力みを抜き、リラックスした自然な状態でいることで、確信を強めるための肉体的な準備を整えることができます。


確信を妨げるものは、「不安」です。


不安をもっと具体的に表現すると、自分が心の根っこで感じているネガティブな意味での「違和感」や嫌な「予感」です。なぜなら、確信がある時には違和感も嫌な予感もまったくなく、「100%、これは行ける!」と感じられるから。

確信とは、言い換えれば100%ポジティブに信頼している状態。

確信していない状態とは、ネガティブなことを信頼している状態なのです。

だからこそ、不安にアプローチすれば確信の精度は高まっていきます。

まずは不安の正体を探ることからはじめましょう。

不安は、「因数分解」することで漠然と感じるものから具体的な課題へと変わります。

自分が直面している不安をつくり出しているのは、お金なのか、時間なのか、人間関係なのかという「構成要素」を洗い出しましょう。

また、41ページで紹介している「ひとりトーク」で、より深い感情を特定するのも役に立つでしょう。

イメージの力を使って先取りする

「売れる個人」の自分を、リアルな感覚で先取りすること、たとえばあなたが社長になりたければ、自分が社長室の椅子に座っているところをイメージし、座り心地やデスクの手触りまでありありと思い浮かべるのもひとつの効果的な方法です。

私には、イメージの力は決してバカにできないと感じた実体験があります。

フリーランスになってまだ間もない頃、Twitterのフォロワー数の目標値を決めたことがあります。当時の数は3000人くらいだったと思いますが、自分のモチベーションを上げるためには、一体、何人に設定すればよいのか迷いました。

そこで、子どもの頃によく父が連れて行ってくれた東京ドームを思い出したのです。

巨人ファンの父と野球観戦に行くと、東京ドームはいつも満員御礼。老若男女問わず、びっしりと観客で埋め尽くされた会場の熱気に、子どもながらにすごく興奮したものです。

「東京ドームの収容人数を目標値にしよう」

まるでピッチャーのようにマウンドに立っている自分が、ドームいっぱいの観衆に見守られているところを何度もイメージし、観客席一人ひとりの顔を、目を凝らして眺めることもしました。東京ドームはよく知っている場所なので、細部までありありと思い浮かべることができたのです。

そして1年後、フォロワー数は約5万6000人、東京ドームの収容人数とほぼ同じ人数にまで増えたのです！

その人数へと増えるまで、不思議な偶然やご縁が、まるで数珠つなぎのように続いていきました。ブログ記事が話題を呼んだり、テレビへの出演オファーや影響力のある著名人に紹介されたりする機会などが、イメージしてからわずか1年の間に次々とやってきました。

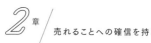

あなたのセルフイメージは？

あなたは、自分自身についてどう感じていますか？

有能で発言力のある、アイデアマン？

それとも、肝心なところでツメが甘いところのある、お調子者？

人は「素晴らしい仕事ぶりですね」「とても魅力的で憧れています」と、どんなに周囲から絶大な評価を集めていたとしても、当の本人が「私は彼らが思うほどには仕事ができない」「自分には魅力なんてない」と感じていたら、せっかくの評価を素直に受け止め、生かし切ることはできません。

それと同じで、もし心の奥底で「自分は売れるはずがない」と感じているなら、現時点では「売れる個人」になることは難しいでしょう。こうして私たちは、本心から信じていることや感じていることを体験します。

あなたのセルフイメージの枠を超えることはできません。

セルフイメージを上げる3つの方法

ではここで、セルフイメージを上げるための方法を3つご紹介します。

①「理想の自分」に合った服装や持ち物に替える

自分への感じ方を変えていく最も手軽な方法は、「服装や持ち物を替える」ことです。「形から入る」なんて言い回しがあるように、アイテムにお金をかけることで習い事により力が入ったり、気持ちが高揚したりするもの。「良い靴は素敵な場所へ連れて行ってくれる」という素敵な表現も聞きますよね。

この1年ほど、環境や心境の変化も手伝って、私自身も〝刷新〟する時期を過ごしました。「とっておき」の時に着ていたブランドの服を日常服にしようと、クローゼットの洋服は総入れ替え。今後、本の出版を含む執筆業に力を入れると決め、アイデアを書きつけるノートはこれまで使っていた数百円のノートから1万円くらいする高級ノートにバージョンアップして、仕事道具を中心に色々と奮発してみました。

女性ならメイクを変えたりエステに通う、男性なら髪型を変えたり身体を鍛えるのも、「理想の自分」を手に入れるひとつの方法です。

また、「売れる個人」としての自分にふさわしい環境を整えるため、新しい自分、理想の自分にはもうふさわしくないモノを処分し、「自分にはこれが似合うはずだ」という思い込みを手放すことも意識してみてください。

②自分との約束を守る

繰り返しますが、セルフイメージを変えるとは、「(本心の)自分への感じ方」を変えること。ただ私たちは、自分のことだけは欺《あざむ》くことができません。

自分がついた嘘は自分で見破るし、心にもないことを誰かに言えば鋭いツッコミが自分へ向かうものです。

セルフイメージをどう上げるか、あれこれと取り組んでいた最中に気づいたことがあります。「私はよく自分との約束を破っているな」と、ハッと脳裏に浮かんだのです。

人との約束はできる限り守るのに、「今日こそはプールで泳ごう」「週末は雑誌で見た人気店に食べに行こう」と予定を立てた〝自分との約束〟は、「起きるのが遅くなったから」「天気も悪いしまた今度にしよう」と、しょっちゅう破っていたからです。

もし、あなたとの約束をしょっちゅう破る人がいたら、その人を心から信じられますか？　私には難しい。そうやって、「もし目の前に〝私〟がいたら、とてもじゃないけれど信用できない。自分をないがしろにするなって、ムカついてしょうがない」と気づいたことに愕然としました。

こうした状況に陥らないためにも、「自分に相談する（お伺いを立てる）」プロセスを丁寧にやっていくと、単なる勢いや思いつきでの行動が減り、「私は私のことを信じられる」という気持ちが高まっていきます。

③「素敵なこと」を身の回りで起こしてみる

誰かが喜ぶ笑顔を見るだけで、私たちは幸せを感じるもの。ちょっとした「善意」「優しさ」「ありがとう」を自分から起こしていくだけで、日常はとても柔らかなものになります。

たとえば、こんなことをしてみたらどうでしょう。

・コンビニでお釣りを募金する
・困っている人を街中で見かけたら、声をかける
・電車内に落ちているゴミを拾う
・バスの運転手さんに「こんにちは」「ありがとう」と挨拶する

実はこれらは、私自身が日常生活で実践している「素敵なこと」。

自分の心が優しく満たされると、自分自身への感じ方にも変化が表れてきます。

「こんな自分ならもっと好きになれる」「こうした自分は尊敬できる」、そう思えるよう

な行動をはじめてみませんか。

個人の力と価値は比例する

次に、個人が売れていく道のりを例を挙げながら説明していきます。

ここで参考にしていただきたいのが、個人の力と価値をどのように上げていくかを簡単にグラフ化したものです（次ページの図）。

「売れる個人」がどのようにして誕生していくのか、具体的にイメージするためのあくまでも一例として参考にしてください。

他の項目と同様、これからお伝えすることはフリーランス（個人事業主）や経営者だけでなく、会社員や学生、主婦にも当てはまります。

「売れる個人」に興味を持っている人の多くは、既にSNSで何かしら発信しているでしょう。このグラフ上では、「SNS」は個人の力も価値もまだ低いスタートの状態に

個人の力と価値は比例する

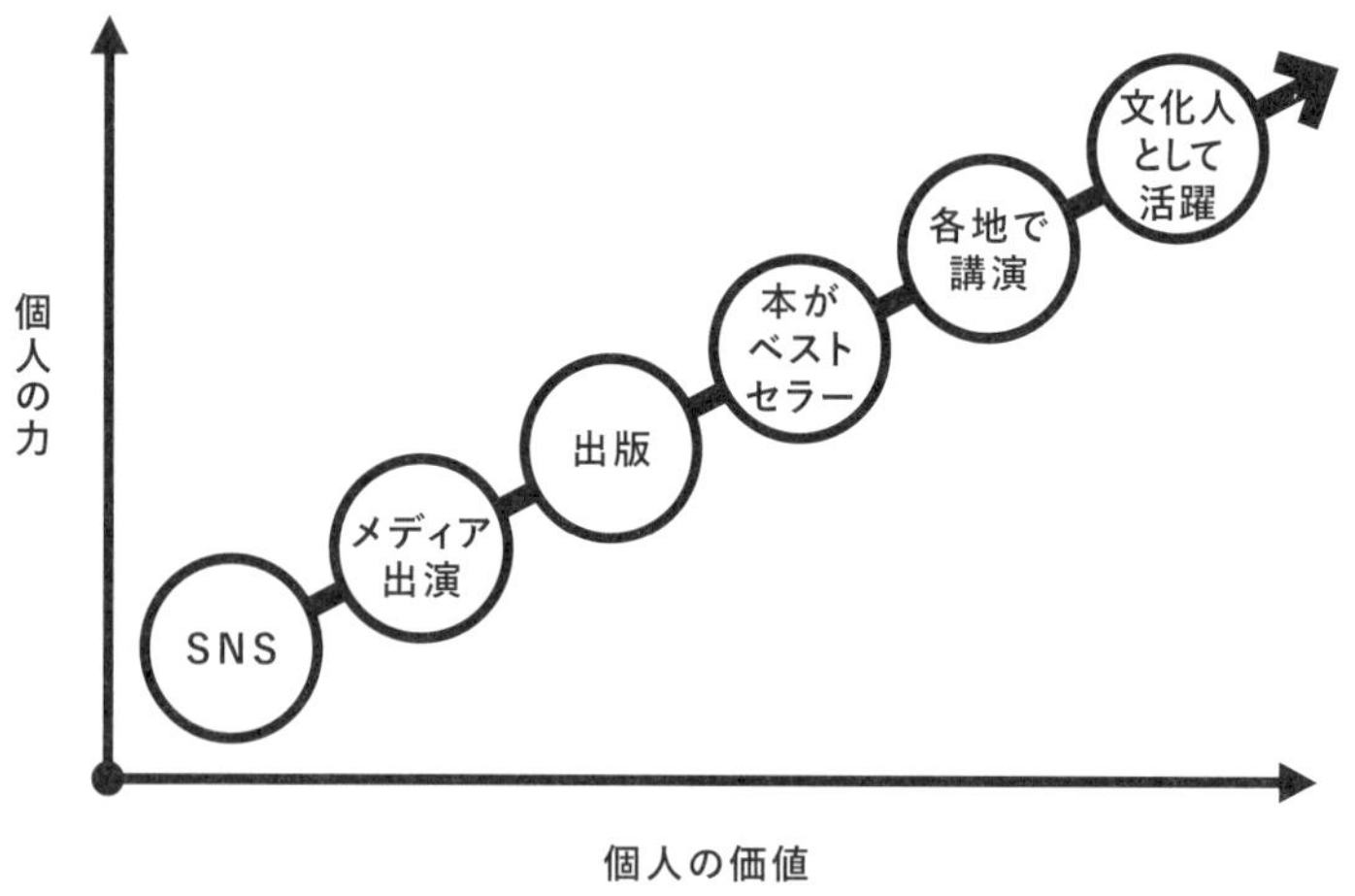

ありますが、SNSこそが「売れる個人」への道のりで最もカギを握る場所です。

なぜなら、マスメディアは常にSNSで「面白い人」や「価値のある情報」を探しているからです。**（グラフ：SNS）**

やがてたくさんのファンを獲得し、フォロワーが順調に増えたりSNSで話題になったりすると、今度はテレビや雑誌、Webなどのメディアで対談を打診されたり、専門家や監修者として出演依頼されたりする可能性が高まります。**（グラフ：メディア出演）**

メディアで露出する機会が増えると、

SNSへのリターンも大きくなります。

そしてその分野での影響力が増し、固定のファンがつくと、「出版しませんか？」「ブログをもとに本を書きませんか？」というようなオファーが来はじめます。**（グラフ：出版）**

出版すると更に露出の機会が増え、コンスタントに新規の仕事がやってくるようになります。こうした安定した実績が更なる呼び水となって、次々とメディアへの出演オファーや出版オファーが殺到するようになるのです。

そんな状態になると、次は本がベストセラーになる可能性が高まります。**（グラフ：本がベストセラー）**

本がベストセラーになるのと前後して、講演を依頼されるようになります。北は北海道から南は沖縄までという国内にとどまらず、オンラインで、更には海外での講演にもひっぱりだこになることでしょう。**（グラフ：各地で講演）**

全国各地で人を集められるようになる頃には、この分野ではこの人、というような確固としたポジションがつくられ、「文化人」としてテレビのコメンテーターや専門家として様々なメディアでレギュラーを持てるようになります。社会に対する影響力や発言

力も、多くの人が注目するほど大きくなるでしょう。（グラフ：文化人として活躍）

「売れる個人」になるメリット

仕事が増える、様々なオファーが舞い込む

このように、個人として売れてくると、そこでの実績や露出が次の仕事を生み、「ぜひ、あなたでお願いします」と指名されたり、職業や肩書きの垣根を越えて様々なオファーが舞い込んでくるようになります。

これはいわば〝個人のタレント化〟であり、個人が人前に出るのが当たり前になった時代の、必然の流れとも言えます。

たとえばひと昔前は〝裏方〟職業だった編集者は、現在では名前も顔も出してメディアで見かけることが多くなっています（私はこれを、「職業のオープンキッチン化」と呼んでいます）。

編集者の仕事は単に本をつくるだけでなく、講演活動をしたり、オンラインサロンでファンコミュニティを築いたりと多岐にわたるようになり、テレビやラジオ番組などでタレント顔負けに活躍する人も以前よりずっと増えています。

オピニオンリーダーとしての影響力が上がり、発言が注目されるようになる

SNSのフォロワー数が1000人、1万人、10万人と増えるにつれて、言葉の影響力が拡大するのはもちろん、特にその人に独自の切り口や専門性がある場合はオピニオンリーダーとしての役割が期待されます。

すると、「この人は今、何を考えているのか」「話題となっている出来事に対して、どんな切り口で話すのか」と世間の注目度が圧倒的に高まり、たとえばメディアでの連載やテレビのコメンテーターのような仕事にもつながっていくのです。

また「売れる個人」になると、様々な場所に出かけて意見を求められることがあります。例を挙げると、地方自治体の観光や産業へのアドバイスや、広告代理店が開催する若者向け商品の開発やPRへのアドバイス、官公庁や企業が行う有識者会議への出席と

いうようにです。

こうした場で意見を伝えることへの報酬は決して高いものではありませんが（ケースバイケースでしょうし、人にもよるでしょう）、一種の〝名誉職〟として信頼を得やすくなるメリットが期待できますし、案件を引き受けたことで同じ企業や団体から他の仕事をいただくこともあります。

報酬額、収入が上がる

本業が活況となり、多忙を極めるとともに収入が上がっていくのはもちろん、個人としての力と価値が高まることによる、印税や講演料、その他活動からの収入も増えます。たとえば講演料ひとつとっても、無名時代と「売れる個人」になった後では、数倍から数十倍上がる人もいるくらいです。

また、仕事が増えれば増えるほど「いくら以上の仕事なら原則引き受ける」というようなルールを決めなければいけない日が来ることでしょう。

自分や自社のスタッフで窓口業務やギャラ交渉をする人だけでなく、講演や広告出演など一部の仕事の窓口を事務所や外部の会社に委託し、代わりに交渉してもらう人もいます。そうした場合は、マネジメント費用として報酬の何割かを配分します。

ファンコミュニティができる

人気が高まるにつれ、「ファンコミュニティ」ができます。

一定数のファンがいれば集客や売り上げが見込めるため、出版や講演、商品開発などのビジネスのオファーを得やすくなりますし、彼らの応援やサポートは、新しいビジネスや取り組みへの強力な追い風となるはずです。

ファンとの正直で誠実なコミュニケーションを継続していれば、新サービスの購入、Amazonでのレビュー、彼らのSNSでの告知が期待できますし、率直な意見をもらうこともできます。

いずれも、お金では買えないとても大切な関係性です。

存在するだけで人に喜ばれたり、感謝されたりするようになる

道を歩いていたり、電車に乗っていたり、レストランで食事をしていたりすると、「〇〇さんの本読みました！」「テレビで観て、とても感動しました！」などと声をかけられることが増えます。またその時は声をかけられなくても、SNSで投稿されているのを目にしたり、後日メールが届いたりすることもあります。

最初のうちはこうした事態に戸惑うかもしれませんが、あなたと撮影した写真やあなたのサインがその人のお守りになったり、自分の存在が誰かの喜びや力になれているのだと、ぜひ肯定的に捉えてみてください。

また、力と価値が高まっていくにつれて、「名前を貸す」「応援者、賛同者に名を連ねる」ということも増えます。たとえば慈善事業やボランティア団体の活動への賛同、被災地への募金キャンペーンの広告塔、誰かの起業やチャレンジへのサポートというような場合です。

「売れる個人」になるデメリット

メンタルが消耗し、メンテナンスが大変になる

認知度や影響力が高まるにつれて、当然ながら注目される機会が増えます。

衆目を集めると「いつも誰かに見られている」というストレスを感じるだけでなく、自分の言動がまったく意図していない方向に捉えられたり、批判や中傷をされたりする場合もあります。

正当な批判はしてもいいとは言っても、それが誤解に基づいている場合だってあるでしょう。

また、誹謗《ひぼう》中傷が原因で命を落とす人もいますし、裁判沙汰に発展するなど社会問題化するケースも増えています。

私にも、外出する際は必ずマスクをして、なるべく人に見られないよう、関わらないようにしていた時期がありました。こうした時期はストレスが限界まで高まっているた

め、心や身体のメンテナンスをするのに時間やお金がかかります。

自由な発言やふるまいがしにくくなる

前の項目と重複する部分もありますが、「売れる個人」になったら発言やふるまいに気をつけなければいけません。

それでも自由にふるまう人もいますが、彼らは炎上をおそれないメンタルの持ち主か、毒舌や無礼が許されるキャラクターか、圧倒的な才能やカリスマ性に恵まれている人たちのはずです。

「売れる個人」になると炎上リスクが高まります。

問題は、炎上は自分だけでなく、社会全体のリスクにつながることがあることです。

たとえば自分の発言や行動を知ったファンが「〇〇さんが言っていたから、そうに違いない」と、仮に信憑《しんぴょう》性に欠けていても真実だと思い込む人が出てきたり、「〇〇さんがやっていたことを真似してみよう」と追随したりする人が現れる場合などです。

利用しようとする人が出てくる

仕事の幅が広がるにつれ人間関係も拡大していくので、そのうちあなたを利用しようとする人が出てくるかもしれません。それは個人かもしれませんし、企業かもしれません。もちろん、プライベートで起きる可能性はあります。

稼ぎが大きくなればなるほど、周囲の人と金銭トラブルが起きる可能性やおかしな儲け話、怪しい投資話を持ちかけられることがあるかもしれません。

また、明らかな不利益というよりも、「ちょっとした迷惑行為」をもたらす人もいます。たとえば過去に一度だけ、それも大勢の人が集まるパーティーで名刺交換をしただけの人が、あなたとまるで親しいようなそぶりを周囲に見せるというような場合です。自慢だけなら可愛いものですが、信頼を得るためにあなたの名前が無断で使われることもあり得ます。

大切な読者やファンでない限り、むやみに写真撮影に応じない、連絡先を交換しないなどの対策が必要です。

常に競争にさらされることで、休みにくくなったり、スランプに陥ったりする

競争を勝ち抜いて「売れる個人」になったとしても、その先も競争は続きます。それどころか、売れている人は常に新しいことに挑戦したり、不断の努力を重ねているため、「売れ続けるための努力」へのプレッシャーが自分にのしかかってきます。

また、人の興味は移ろいやすいもの。仕事や活動の歩調をゆるめたり、止めたりしてしまうと、すぐに世間から忘れ去られる可能性だってあります。

こうして願った生活を手に入れても、「せっかく売れたのに、いつかまた売れない生活に後戻りするかもしれない」と、不安やおそれから自分を追い込むケースも。常に競争に駆り立てられるようになったらもう、心の平安や幸せどころではありません。

また周囲から期待され、その期待に応えたいという一心で自分にプレッシャーをかけ続けた結果、心身ともに疲れ果ててスランプに陥ることもあります。

「売れる個人」がたどる4つのステージ

「売れる個人」が成長していくプロセスとして、4つのステージがあります。

①欲望のステージ（関連：エネルギーの量）（感情メモリ：怒り、不平不満）
②願望のステージ（関連：エネルギーの量）（感情メモリ：納得、満足、希望）
③貢献のステージ（関連：エネルギーの質）（感情メモリ：幸せ、情熱）
④使命と魂のステージ（関連：エネルギーの質）（感情メモリ：喜び、確信、感謝）

では、次に各ステージについて説明していきます。

①欲望のステージ

（関連：エネルギーの量）（感情メモリ：怒り、不平不満）

*肉体的、物質的、即物的な「欲望」がベース
*お金を稼ぎたい！　注目されたい！　あの人を見返したい！
*「自我（エゴ）」の世界

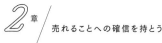

私たちはまず、欲望の段階からスタートします。

豊かな生活がしたい、人気を得たいという強い自我（エゴ）は決して悪いものではなく、大きなパワーや行動力を生む力の源泉になるということは既にお伝えしました。

ただし、ここではまだ「こうあるべき」というこだわりや期待を強く持っていて、人や物事、状況を思い通りにコントロールしたいというステージにあります。

欲望はコンプレックスや怒りなど、負の要素がドライブすることが多いため、損得勘定をし過ぎたり、周囲に自分勝手な印象を与えてしまう人もいるかもしれません。

②願望のステージ

（関連：エネルギーの量）（感情メモリ：納得、満足、希望）

*現状に満足していて、やりたいことがやれている
*人に好感を与える、親しみやすさを感じさせる
*理想の人生を歩むために行動する、引き寄せの世界

仕事のオファーが次第に増え、ある程度の欲望が満たされたり、「勇気づけられた」と喜んでくれたりする人が出てくるにつれ、願望のステージへと移っていきます。

この時点では、まだまだ行動の動機が他者よりも自分自身にフォーカスしているものの、怒りや不平不満がベースの「欲望」から、次第に満足や希望がベースの「願望」から行動していくようになります。

行動のもとが「不合格ゾーン」の感情から、「合格ゾーン」の感情になるため、その人自身の雰囲気も変わります。多くの場合、優しく親しみやすい印象を周囲に与えることでしょう。本人も、楽しい気持ちでいることが増え、夢や理想を追い求めるプロセスそのものにワクワクしはじめます。

③貢献のステージ

（関連：エネルギーの質）（感情メモリ：幸せ、情熱）

＊夢や理想を持って行動するうちに、だんだん周囲から求められてくる
＊自我（エゴ）が薄れていき、人の期待や願望にがむしゃらに応えていく
＊貢献すること、人や社会の役に立つことが自分の幸せになる

エネルギーの質を高めながら、自分が打ち込めることをひたむきに続けていると、仕事のオファーが引きも切らずやってくるようになります。

自分も人や社会に貢献できる幸せや充実感を感じていて、周囲にも独特の存在感を放ちはじめるのがこのステージです。

自分の願いを叶えるのが幸せだった願望のステージから大きく成長し、自分の幸せだけでなく、周囲の人や社会の幸せを願い、それを叶えることに役割を見出すようになります。「これがやりたい」というよりも、人から求められることに応じたり、自分の才能を役立てたいと考えたりするようになるのが特徴です。

④使命と魂のステージ

（関連：エネルギーの質）（感情メモリ：喜び、確信、感謝）

*自分はこれをやるために生まれてきた、という確信
*使命は自分の願望や理想と決してイコールではないが、神聖な気持ちで受け入れる
*自分の命を使ってもらう感覚、魂と一致していく世界

やりたいことを自分の才能の限りにやり切り、出会うすべての人とのご縁を大切にしていれば、④のステージにたどり着きます。

この段階では、人に喜ばれ、感謝される幸せとともに、お互いにサポートし合えるいい仲間があなたのそばにいることでしょう。

自分がどう見られるかとか、どのくらい稼げるかなどは気にならなくなり、その代わりに自分の限りある命を、めいっぱい他者のために使おうと考えるようになります。

パワーの方向性が〝コントロール（支配）〟ではなく〝インスパイア（感化）〟になり、自分が存在するだけで人に元気や気づきを与えたり、幸せを感じてもらえたりするようになります。

基本的には①からはじまり、②③を経て④にたどり着きます。

もちろん例外もあり、いきなり②③どころか④のステージに行ける人もいますし、ずっと①に留まっている人もいます。

このステージの変化には、エネルギーの量と質が密接に関わっています。

特に①②では量が、③④では質が高まるにつれて自ずと段階が変わります。

ただし、このステージを単に「上がっていくもの」「数字の大きいステージのほうが優れている」とは捉えないでください。

①を卒業して②に上がる、という上下関係にあるのではなく、この4つは誰にでも同時に存在していて、グラデーションをなしているのです。

つまり、①のステージにいて「欲望」の色が一番濃く出ている人でも、③の「貢献」の色もあるし、④の「使命と魂」だってあるかもしれません。

④のステージに到達して「使命と魂」が色濃い人でも、①の「欲望」の色も残っているからこそ、何かを新しくはじめる意欲が生まれます。

欲望が100%で使命感のない人なんていませんし、使命感が100%で欲望のない人もいません。

繰り返しますが、ステージと言っても決して高い低いではなく、**エネルギーの量と質が高まっていったら、①から④へと〝メインステージ〟が自ずと変わっていくということ。**

そして、その時々の状況や心境に応じて、グラデーションの度合いも変わります。

各ステージは目指さない

先ほども触れたように、この4つのステージはグラデーションを織りなしながら、同時に存在します。

ですから、①②のステージにいても④の使命感はあるのですが、それに気づかないか、気づいていても「いや、私のやりたいことはこれじゃない」「それじゃあ稼げない」「世間体が……」というように理由をつけて、それを拒絶します。

欲望にフォーカスし過ぎると、目の前にあなたの使命があっても受け取れません。

勘違いしないでいただきたいのは、④を含めたいずれのステージも、決して〝目指す〟ものではないということ。

ゴールとして目指してしまうと、自力で物事や状況をコントロールするようになり、「こういう形でなければ」という余計な期待や力みが入ってしまうからです。

そうではなく、目の前のことにひたむきに取り組み、何よりも道のりを楽しみながら進んでいくうちに、〝自然と〟到達するのが各ステージなのです。

先々のことをあれこれと計画したり先回りして行動することなく、必要な人や出来事は必要な時に現れるということを知っているだけで十分です。

力の源泉はどこにある？

幼少期にコンプレックスに感じていたことや許せなかったこと、挫折経験や家系的な課題は、私たちの心に大きな欲望を生み出します。

〝望まない状況〟があるからこそ、「お金が欲しい」「家族を楽にしてあげたい」「健康な身体で生活したい」「愛されたい」「いじめが許せない」――そういった、自分が〝望むこと〟を知ります。

そして、適切な環境や努力、人との出会いやあきらめない心など一定の条件が揃えば、その人の欲望はいつしか「経済的成功」「社会的権威」「理想とする社会の実現」など、特定の結果として表れるのです。

日本を代表する実業家である孫正義さんは、非常に厳しい家庭環境の中で育ったことで知られています。番地すらない不法住居での暮らしは、私たちには想像もつかないほど苦しいものだったに違いありません。そしてまだ10代の学生ながら、入院した父親に代わって家族を支えるために、実業家としての成功を目指してひとり渡米。

彼は、ただ家族を養うためだけでなく、同じようにアイデンティティで苦しむ人たち、貧困に喘《あえ》ぐ人たち全員のために立ち上がる覚悟を決めたと言います。

私の場合は、子どもの頃から型にはめられることが嫌でした。

男の子だからこう、女の子だからこうとか、当時はまだまだ根強かった「早くお嫁に行くことが女の幸せ」「終身雇用の安定した仕事に就くのがよい」「マイホームが幸せの象徴」というような〝大人や社会が考える幸せ〟に反抗心を抱いていました。

自分の幸せの形は自分で決めたいし、世間が望むような〝普通〟では終わりたくないという想いが人一倍強く、それが今の働き方や生き方につながっています。

このようにネガティブな感情は強烈な欲望や想いを生み、それがエネルギーの量に影響します。

実のところ、エネルギーの量を増やそうとする必要はありません。意識しなくても、様々な経験をするうちに望みはどんどん膨れ上がり、自然にエネルギー量が溜まっていくからです。

どんな人にも、好きな人に振られてしまったとか、大学受験に失敗した、希望する会社から内定をもらえなかった、独立したけれどうまくいかずに再就職したなど、悔しさや不甲斐なさを感じた経験があるでしょう。

ただ、**個人が売れていくプロセス、特にあなたが〝離陸する〟初期の頃には大量のエネルギーを必要とします。**これまで慣れ親しんだ人間関係や暮らし、居場所から離れて、新しい世界へ飛び立つからです。

そのためにも、あなたの力の源泉を探してみましょう。

例に挙げたコンプレックスや許せないこと、挫折経験以外にも、譲れないことやこだわりの中にも、きっと何かのヒントが隠されています。

過去を振り返った時に、結果として譲らなかったことは何でしょうか。

何かを選択する際に、決まった思考や行動パターンはあるでしょうか。

自分自身にじっくりと問いかけてみると、心が大きく動くポイントがどこにあるのかに気づけるかもしれません。


ネガティブな要素だけでなく、ポジティブな要素も力の源泉になります。

子どもの頃にすごく夢中になったこと、時間を忘れて没頭したことを思い出してみてください。幼少期に大好きだったことには、「これは稼げる」「将来性がある」というような損得勘定抜きに純粋にワクワクできます。


今あなたが思い出したことがあれば、それはあなたが本当に好きなこと。

新しい遊びを生み出す喜びや、もっと知りたい、世界を広げてみたいという好奇心。

こうした感情は、どれだけ素晴らしいエネルギーを生み出すか、想像してみてください。


私の父は世界史の教師だったので、私も幼い頃から世界地図を毎日眺めては、「世界はなんて広いんだろう。自分の目で隅から隅まで見てみたい！」とドキドキしていました。

また子どもの頃から何よりも本が好きで、小学生で詩を、中学生で小説を書いて、それらの作品を祖父や両親、周囲の人たちが手放しで褒めてくれたのです。

こうした環境で育まれた冒険心や「自分ならできる」という自己信頼感が、今でも自分を新たなチャレンジや変化へ導いてくれていると感じています。


他にも、先祖や親から受け継いでいるDNAも、エネルギーの量を高める要素です。

あなたの家系の特徴を紐解いていくと、先祖が自分に託した思いを感じ取ったり、今の自分へのヒントを得られるかもしれません。

私の両親はともに山形県出身で、母方の先祖には吉田大八（守隆）という人物がいます。

吉田大八は幕末期の天童藩の家老でした。

彼は藩の財政難対策に取り組み、困窮に喘ぐ武士たちに将棋の駒を製作させて救済したという功績を残しています。天童市の将棋の駒の生産量は、今では日本の9割を占めていて、天皇家にも献上するほどの名産品になりました。

彼らの本業は武士であったけれども、吉田大八は苦しい財政状況を見て、〝サイドビジネス〟として将棋の駒づくりを推奨しました。

「武士に駒づくりをさせるなんて、もってのほか！」という意見もあったかもしれませんが、今で言う「副業」「パラレルキャリア」を推し進めた結果、武士たちの生活を救い、現代まで受け継がれる事業を地元に残したのです。

職業や肩書きにとらわれない働き方を実践し、こうした著書で多くの人にも伝えている今の自分を俯瞰《ふかん》してみると、「私にも吉田大八の血が流れている」と、胸が熱くなります。

理想の人生を描き出す

あなたの理想とする「売れる個人」とは、どんな人物ですか？

その人物は何の仕事をしていて、どのような暮らしをして、誰に囲まれているでしょうか？　また、どんな気分で過ごしていますか？

この項目では、理想の人生を頭の中だけに留めるのではなく、言語化・ビジュアル化するためのメソッドをご紹介します。

理想の人生と言っても、多くの人は漠然とさせたままです。

そこに何らかの形にするアクションを起こすと、自分の理想が「見える化」され、思考や条件がまとまっていきます。

また、あれこれと未来の自分を思い描くワークは、とても楽しいもの。

遠慮することなく、制限をかけずに理想を思いつくままに表現してみましょう。

「自分はこれがやりたかったんだ！」「私の理想はこういう感じなんだ」と心が躍るような時間を過ごすだけで、あなたのエネルギーはどんどん上昇していきます。

ただ、いきなり自分の夢や理想を人前で言うのを躊躇する方もいるでしょうし、「そんなの無理でしょ」と否定されるのが心配な人もいると思います。

その場合は、まずはひとりでできるワークから取り組むのがいいかもしれません。

理想を描く時に気をつけたいのは、本心からの望みを表現すること、そして現実的になり過ぎないことです。

人に見せる前提ではありませんし、褒められることが目的のワークではないので、かっこつけたり遠慮しないでください。

5W1H＋How Much

5W1Hは、誰もが英語の授業で習ったことのある**「When（いつ）」「Where（どこで）」「Who（だれが）」「What（何を）」「Why（なぜ）」の5つのWに、「How（どのように）」**のHを付け足したものです。

さらに**「How Much（どのくらい）」**を加えた7つの疑問詞を使って、あなたの理想の人生を具体的に描いてみましょう。

あなたは、将来どこに住みたいですか？ 誰と一緒に仕事がしたいですか？ 何歳で達成したいですか？ どのような一日を過ごしたいですか？ どのように働きたいですか？ いくら稼ぎたいですか？ 何が喜びですか？

お気に入りのノートや手帳を用意して、思いつくままに書き出してみましょう。

子育てや仕事で慌ただしく、なかなか時間の余裕がないかもしれませんが、ぜひ未来の自分のために時間をつくってください。

お勧めは、ひとりきりになれる快適な場所で2〜3時間ほど取り組むこと。

こうしたワークをするのに、私はよくホテルのラウンジに出かけます。天井が高く開放感があって、陽当たりや見晴らしの良い場所なら最高です。大切な未来の自分のために、気持ちの良い環境をぜひ見つけてください。

ヴィジョンマップ

「ヴィジョンマップ」とは、写真や雑誌の切り抜きなどをボード（厚紙や手帳などにも）に貼り付けて作成する、願望達成法のひとつです。

つくり方は、とても簡単。まず、好きな写真や雑誌（できればファッション誌や旅行誌、ビジネス誌、あるいは家電や生活雑貨などジャンルの異なる複数冊）とハサミ、のり、白い画用紙（四つ切りサイズ推奨）の４つを用意します。

そして、好きな雑誌をパラパラとめくりながら、気になる写真や文字を切り取って画用紙に貼り付けていきます。

憧れのインテリア、いつか着てみたい洋服、こんなふうに働きたいと思うスタイルや仕事道具などの他に、「なぜか気になる」「なんとなくピンとくる」ものがあれば、どんどん貼りましょう。

夢中になって切り貼りしているうちに、自分の理想の形が明確になるだけでなく、無意識に願っていたことや本当はやってみたいことが見えてきます。

普段、頭でっかちになって「自分のやりたいことは何だろう」と悩みがちな人にこそ、効果はテキメンです。

仕事がオフの日にひとりでじっくり取り組んでもいいですし、家族や友人、ママ友たちを集めて自宅やカフェの個室、レンタルスペースなどで行うのもお勧めです。

みんなで写真や雑誌を持ち寄れば、思いがけない「一枚」に出合える確率も上がりますし、作成したヴィジョンマップを片手におしゃべりしたり、分析し合ったり、お互いの夢や理想を共有し合ったりする、素敵な機会になることでしょう。

シェア会

ひとりで頑張るよりも、仲間がいると心強いものです。

ここで取り上げるのは、シェア会です。夢や理想のために一緒に頑張っていける仲間と定期的に会って、状況を報告し合い、お互いにアドバイスし合います。

シェア会を一緒にやる相手は、立場の上下がないフラットな関係性にいる人が望ましいです。

また、家族や恋人など近過ぎると個人的な感情や期待が出やすいため、もう少し距離のある友人を仲間に選んで、遠慮なく夢や理想を伝え合い、応援し合える環境をつくりましょう。

このシェア会は、私がOL時代に実践していたものです。

私がペアを組んだのは、某大手メーカーに勤務していた女友達です。

お互いの自宅からちょうど中間点にあるカフェで、3時間ほどのシェア会をするのが月に一度のお約束。彼女は「文化事業部に行きたい!」、私は「30歳で独立したい!」と理想を掲げて、毎回ここ1ヶ月で取り組んだことの報告や、次のシェア会までにやることのリストアップなどをしながら、率直にアドバイスし合いました。

月1回3時間という限られた時間を有意義に使うため、相手が友達とはいえ、適度な緊張感もありました。相手にシェアできるだけの〝ネタ〟を用意しなければなりませんので、次の会までの1ヶ月間は、できるだけリストアップした目標をこなしていました。それも、自分の成長につながります。

シェア会をスタートして1年後、私は退職してフリーランスとなり、彼女も志願者の多い文化事業部に異動し、文化芸術に関わる仕事を担当することに！

お互いに理想への大きな一歩を踏み出したのです。

予祝

予祝とは、豊作や多産を祈って、その年のはじめに行っていた行事のこと。

古来、日本では、まだ田植えする前から「今年は豊作だった！」と喜び先んじてお祝いすることで、望む結果を引き寄せると信じられていたそうです。

伝統的なお祭りも、子宝や豊作を先に神に感謝して祝ってしまおうという予祝ですし、お花見も代表的な予祝のひとつだと言われています。

この予祝を、自分の未来のためにやってみましょう。

私は年に2回ほど、仲の良い女友達4人組で予祝パーティーをしています。やり方はとても簡単です。まずは、心置きなく声が出せる（笑）個室や自宅を会場に選び、飲み物を入れたグラスを人数分準備します。

そしてひとりずつ順番に、既に夢が叶ったかのように「○○が叶いました！」と感謝して、残りのメンバーたちが「おめでとう～！」と言いながら乾杯します。

どんどん盛り上がって10回目を超えてくると、夢も出尽くして祝う内容も適当になり、くだらないことやふざけたことをお祝いするのですが、それもまた楽しいのです。

引っ越ししたかったら、「引っ越ししました！」「おめでとう～」と乾杯。いつか自分の本を出版したかったら、「出版しました！」「おめでとう～」。「独立しました！」「おめでとう～」。「結婚しました！」「おめでとう～」というように、お祝い合戦をしながら、ポジティブなエネルギーに満ちた場をめいっぱい楽しみましょう。

3章

売れる個人をつくる「心構え」

オリジナリティはつくれる

テレビや映画、漫画などの創作の世界では、作品内で主役級のキャラについて、似たような見た目や性格のキャラクターが登場することは、まずありません。

「真面目な優等生キャラ」「天然で癒し系のドジっ子キャラ」「不良だけれど人情家のキャラ」「正義感あふれる体育会系キャラ」といったキャラ分けはもちろん、金髪、メガネ、お嬢様服、角刈りというように見た目から使い分けられているものです。

現実世界でも、売れっ子のタレントや芸能人はこうしたキャラを意識しているように見えます。番組内での〝キャラ枠〟が決まっているという話も聞くくらいです。同世代の人気タレントとは見た目やキャラを変えたり、既に人気のある芸能人の芸風とかぶらないようにしていたりと、様々な戦略が取られているのだと思います。

それは、私たちも同じです。

芸能人やタレントでなくても、「売れる個人」の条件として、その人らしい個性がとても大切になります。

著書を出版したり、全国各地で講演会をしたり、オンラインサロンで多くのメンバーを集めたりする「売れる個人」の多くが、戦略的に考えているかどうかは別にして、放つメッセージ、経歴、見た目やファッション、キャッチコピー、物語性などの分野でとてもオリジナリティに富んでいるのです。

「売れない個人」には、こうした個性がありません。

色々な人の発信を見ていると、似たような人たちであふれ返っています。

「本当の自分を生きよう！」的な、ありふれたワードが使われたブログタイトル。

キラキラ系女性フリーランスたちの、同じような見た目と言葉づかい。

好きなことで稼ぐ男性ビジネスマンたちの、他でも聞いたことがあるような話。

ひょっとすると、誰かをロールモデルにして、その人を意識しながら見た目や印象をつくり上げているのかもしれませんが、こうしたケースを含めても、「自分の見せ方」に意識を向けていない結果、「その他大勢」として存在が埋もれてしまっているケースが本当に多いのです。

同じような見た目の人たちが、同じようなメッセージを発しているのを見ると、その人独自の輝きが感じられるどころか、「モブキャラ（通行人など背景キャラのこと）」のように存在が目立たなくなっているように思います。

でも、もし、あなたにも素晴らしい個性があるのだとしたら、それを発揮させないのはもったいないと思いませんか？

誰かの「劣化コピー」になるな

私は、個人として仕事をするために認定講師やインストラクターの資格などを取得することには反対の立場を取っています。

なぜかというと、こうした資格は、「学べば誰でもできる仕事」だからです。

決して資格ビジネスを否定したいわけではありませんし、興味があって学ぶこと自体はいいと思います。ただ、個人としての〝武器〟とするには向いていないと申し上げたいのです。

スキルは、誰でも分かるようにテキストや実技に落とし込まれています。そして、受講料を払って学び、試験や一定の水準をクリアすれば資格を取得できるシステムです。

そもそも先生と生徒には、上下関係があります。もちろん先生が上で、生徒が下です。下の立場の生徒は、言葉は悪いですが、**「劣化コピー」**なのです。

つまり認定講師の二番煎じ。二番煎じである限り、本家本元を超えることはできません。人と違う強みを身につけたいから資格を取るはずなのに、結局、人と同じになる。

それが資格ビジネスの弱点だと思います。

もちろん、資格ビジネスの中で頭角を現していく人もいるでしょうが、彼らはただ勉強して資格を取るだけで、頭ひとつ抜け出したわけではないはずです。

また、認定講師やインストラクター資格が持つもうひとつの弱点としては、**講師の不祥事やその分野の信憑性が疑われた場合、こうしたトラブルによって資格そのものの権威やイメージが落ちるリスクがあることです。**

「この先生から学びたい！」という熱い想いがあればよいのですが、「資格がないと稼げる自信がないから」「プロフィールにハクをつけたいから」という不安や焦りからくる目的程度なら、「売れる個人」としての自分をしっかりつくり上げることに時間とお金を使いましょう。

「肩書きをどうするか？問題」

ＳＮＳで発信すればするほど大勢の人と関わる機会が生まれ、「これをやってみない？」と新しいプロジェクトに誘われたり、「これがやりたい！」とひらめいたりした結果、様々な仕事が生まれていきます。

また有料ブログやYouTube、ライブ配信など、個人がＷｅｂサービスを使って収入を得る幅も、この数年でグッと広がっています。

すると生まれるのが、「肩書きをどうするか？問題」。

これは当事者同士でないとなかなか共有しにくい感覚なのですが、ますます広がる仕事の幅にしっくりくる肩書きが見つからない人が結構いるものです。

こうした状況に対して、中には、**オリジナルの肩書き**をつけて活躍している人もいます。

たとえば瀬田崇仁《せたたかひと》さんは、「頭の使い方」に焦点を当てた教育サービス・コンサルティング事業を展開する人気コンサルタント。「頭の使い方コンサルタント」という独自で分かりやすい肩書きをつけることで、さらに「売れる個人」としてのオファーが加速。出版した著書はすぐに増刷となり、講演やオンラインサロンなど活躍の場がさらに広がっています。

こうした「ピンとくる」「事業の分野を言い当てる」肩書きをつけることができれば一番いいのですが、なかなか見つからないという人もいれば、オリジナルの肩書きをつけることに抵抗を感じる人もいます。

当の私も「どうしたものか」と考えあぐねる時期がありました。

スクール事業、コワーキングスペースへのアドバイザリー業務、商品企画、執筆など、多種多様な仕事が舞い込むようになってきたからです。

更にあるテレビ番組への出演依頼もあって、急いで肩書きをつけなければいけなくなった結果、「フリーランス」と名乗ることにしました。組織に属さず個人で働く象徴として使えるし、様々な仕事をひとくくりにできると思ったからです。

「肩書きをどうするか？ 問題」はこうして突破し、現在は「作家・コメンテーター」として活動していますが、周囲にも当時の私と同じように悩んでいる人がいるのを見るにつれ、**本当の問題は、肩書きが決まらないために感じる「違和感」ではないかとひらめきました。**

それを言葉にするならば、もどかしさ、存在が宙ぶらりんな感じ、人に伝わりにくいストレスというようなものです。肩書きが定まっていない＝自分の存在や方向性が定まっていないと感じていることが、ストレスの真の原因なのではと思い至ったのです。

自分の「役割」を決める

その「違和感」を払拭《ふっしょく》するには、「役割」を決めることが役に立つかもしれません。

「役割」を決めることで、自分の存在に答えを出すわけです。

あなたの「役割」は何でしょうか？

人に伝える人？　誰かを勇気づける人？　場をつくる人？

役割で根っこの部分がつながっていれば職業はひとつに限らなくてもよく、自分の中でもしっくりくると思いませんか？

役割としていくつか例を挙げますが、以下に挙げているもの以外にもたくさんあります。

あなたがしっくりくるものであれば、あらゆるキーワードが役割になるでしょう。

ぜひ、ご自身でも考えてみてください。

- パイオニア（開拓者）
- デザイナー
- ストーリーテラー（物語を紡ぐ人、語り部）
- カウンセラー、セラピスト（癒す人）
- トレンドセッター（流行をつくる人）
- コンダクター（指揮を執る人）

・コミュニケーションマネジャー（場をつくる人）
・モチベーター（啓蒙家、やる気に火をつける人）
・メッセンジャー（伝える人）
・発信者
・解説者
・提案者
・コネクター（つなぐ人）
・プロデューサー
・ジャーナリスト（問題提起を広く社会に行う人）
・エンターテイナー
・クリエイター
・教師、教える人
・思想家、考える人
・研究者、学者

枠にとらわれず、好きなことをやろう

フリーランスのデザイナーをしている、武田明子さんという女性がいます。

彼女はもともと東京でWebやロゴのデザインをしていましたが、地方自治体からの仕事で東北地方へ出張するうちに、田舎生活に開眼。デザインの仕事は場所を問わずパソコンひとつでできるため、岩手県に引っ越して家賃7万円の一軒家を見つけて移住を決めたのです。

さらに、中古の軽トラックを買って合法的に改造。なんと、軽トラックが彼女の仕事場になったのです。荷台の上を壁で囲ってオシャレなモバイルオフィスにし、ロフトのような形でベッドも設置。屋根の上には人工芝とソーラーパネルを敷き、お天気が良ければ屋根の上で気持ちよく過ごせます。

彼女は軽トラックを運転して日本中どこへでも旅をしながら、仕事もできるようにしたのです。さらに、車で巡る地方で出合った素晴らしい名産品や美味しい食べ物を、バイヤーのように大量に買って荷台に積み、行く先々で販売することもしています。

最近では、駅前のデパートに「ノンアルコールドリンク」のカフェまで出店。人とのご縁や「これをやりたい！」というワクワクした気持ちに良い意味で〝流された〟結果、こうした働き方が出来上がったのです。自分らしくイキイキと働く姿で人を巻き込み、彼女の周囲には日々、面白いことが立ち上がっています。

肩書きの枠にとらわれずに好きなことをやる、お手本のような働き方です。

「好きなこと」に気負わない

「好きなことが分かりません。どうしたら好きなことが見つかるのでしょうか」

こういった定番の質問には、「好きなこと」を特別なことのように大きく捉えないこと、そして「生涯、この仕事をやる！」と気負わないことと答えています。

たとえばカップルは、お互いの関係を少しずつ育んでいく中で、「この人と自分は合う」と分かってくるものですよね。そもそも関係をスタートしなければ、本当の相性は見えてきません。

それと同じで、好きなことで稼げるかどうかはやってみないと分かりませんし、最初はそれほどでなくても続けていくうちに愛着が湧くこともあれば、「これをやりたい！」とやってみたものの、仕事にしないほうがいいと分かることもあります。

今ある選択肢の中で好きなことをやる。まずは軽く動いてみて、感触の良いものがあればそれを深掘りする。人からのお願いに応えるところからはじめる。まずは今やるべきことに全力で取り組む。「動き」さえ生まれれば、その動きがまた別の動きを呼び込むものです。難しく考えず、まずはやってみましょう。

これまであなたが「一番時間をかけたモノやコト」×「一番お金をかけたモノやコト」は何かを洗い出してみることもヒントになります。

たとえば読書や旅、ファッション、ゲームや車など、自分の歴史を振り返ってみてリストアップします。誰に強制されるでもなく、自然と時間やお金をかけたモノやコトこそ、自分が「好きなこと」だと言えるからです。

「時間×お金」の値が最も大きいモノやコトを発見したら、他の「売れる個人」はどのように仕事や活動をしているのかをチェックして、自分がこのモノやコトを仕事とするのに何か参考になるところはないか、考えてみましょう。

何をしたらよいのか分からない時は

個人として仕事をするにも、どこから手をつければいいのか分からないし、何も浮かばないという人がいます。目標とする人のブログを読むだけでもヒントが得られる今、何も浮かばないとするなら、情報に接しているのにピンときていないということ。

実は「何も浮かばない」のは、27ページの図「社会の迷子コース」にいる人たちがよく使うセリフで、エネルギーの量も質も足りていない人に起きがちです。

心の状態が「不合格ゾーン」の下のほう、たとえば「罪悪感」「無価値感」に長らく固定されているため、基本的に受動的な生き方をしています。

ひょっとすると、何かに我慢しながら生きていたり、虚しい気持ちを人知れず感じたりしているのかもしれませんが、今は感情を麻痺させてしまっています。

感情が淡々としているため、自分からアクションを起こすほどのエネルギーがないのです。

こうした人が取るべき方法は、「怒り」を感じることです。

怒っている人は、とてもパワフルですよね？

「専業主婦でいるのはイヤだ！」「こんな理不尽な会社なんて辞めてやる！」「あいつに先を越されたことが本当に悔しい！」というように、〝わざと〟過去に言われて悔しかったこと、されて悲しかったことを次々と思い出して、自分を「戦闘モード」に持っていってください。

「怒り」は、それ以前にいた「罪悪感」「無価値感」よりはずっとエネルギーの量も多く、質も高い状態です。

その怒りを他人や自分にぶつけてしまうのはいけませんが、「私はわざと怒っている」と自分でわかっている状況であれば、その怒りをポジティブな形で使いこなすことができます。

怒りが湧いてきてパワフルな自分が出てきたら、46ページ「エネルギーの質を高める8つの方法」を参考に、今度は「納得」の感情を目指しましょう。

「合格ゾーン」になった自分なら、何かの情報に触れた時、「じゃあ、やってみようかな」と行動をグッと起こしやすくなっています。

ニッチな特技を見つける

自分には、「売れる個人」になるほどのスキルや強みがないと感じる人もいるでしょう。確かに、専門知識や市場ニーズの高いプログラミングや動画編集というようなスキルには競争力があります。けれども、現代で必要とされるのは、こうしたスキルだけではありません。**「経験」「特技」にも、今や大きな価値があるのです。**

たとえば主婦の仕事はスキルではないので稼げないと思われていましたが、今ではどうでしょうか。

・プチプラ（安くて可愛い）の洋服の着回し術を披露するブログでPVを集める
・朝1時間の「主婦のモーニングルーティン」をYouTubeで公開

・Instagramで子ども向けキャラ弁をアップしたら、レシピ本を出版
・子ども全員を東大に合格させ、講演会でひっぱりだこに
・コストコやカルディで買ったモノを動画にしていたら、テレビ出演が叶った
・「映える」写真をスマホで撮る方法が人気となり、自宅で講座をスタート

人よりもちょっと得意だったり、日常的に経験したりしていることが、今では多くのファンを集めるコンテンツ（商品）になっています。

私の叔父は、某メガバンクで働いていた時代、「押印や筆跡を見ると、その人がお金を返す人かどうかが分かる」という「特技」を持っていました。

その特技のおかげもあって、融資回収率100%を実現。支店長まで出世したのです。

接待向けのお店なら誰よりも詳しいとか、会社でクレーム対応が得意というような「特技」など、「他の人よりもできる」「他の人よりも詳しい」ことがないかを考えてみてください。

「ライバル分析」をする

自分の強みを知るひとつの方法に、「ライバル分析」があります。

このワークの目的は、「ライバル」を分析し自分と比較することによって、彼らにはない自分の個性、持ち味、スキルなど「強み」を見つけ出すことにあります。

まずは「この人のようになりたい」と目標とする人や、あなたと同じ専門分野で既に売れているという人を複数挙げてください。男女や年代は問いませんが、漫画のキャラクターなど実在しない人物は避けてください。

次に、彼らを様々なポイントから分析しましょう。売り上げ、人柄、SNSでの発信、見せ方やライフスタイルはどうでしょうか？

コアとなるメッセージは？　ファンはどんな層の人たちでしょうか？

分析しながら、**「彼らにあって自分にないもの」**を思いつくだけ書き出してください。

フォロワー数、英語力、セルフブランディング力、優秀なスタッフや挫折を乗り越えた経験など、おそらくたくさん出てくるはずです。

一通り出し終えたら、次に**「自分にあって彼らにないもの」**を書き出してみましょう。憧れの彼らになくて自分にあるものですから、最初はなかなか思いつかないかもしれませんが、見方を変えれば書き出せるようになります。

たとえばあなたが彼らと違って就職氷河期世代だとしたら、「就職氷河期を経験したこと」や「バブルを経験していないこと」は、あなたにあって彼らにないものになるはずです。バブルを知らず、若い時に就職難を経験しているからこそ生み出せるメッセージや共感がきっとあります。

あるいは、「OL経験がある」「子育てを経験している」というような日常レベルの経験から、「ADHD（注意欠陥・多動性障害）と診断された」「病気を克服した」「親の介護をしている」など、あなたが一生懸命に向き合っていることも、誰かにとって救いとなるはずです。

もちろん他にも、中国語が話せる、世界一周経験がある、税理士の資格を持っている、自作のパソコンがつくれる、若さがある、ベテランとしての経験があるなど、様々な要素が思いつくことでしょう。

ライバルとなる人を対抗軸に置いてみると、それまでぼんやりとしていた自分の強みや特性がどんどん明らかになってきます。

「これだ！」というものが見つかるまで、根気強く取り組んでみてください。

付加価値をつける

既にあなたが持ち合わせている要素を使って、より高い価値をつけることができます。

新しい何かを外から探してくるのではなく、あなたの中にある要素を取り出し、それを強調することによって「見せ方」を打ち出していきます。

どのような要素が「付加価値」となるのか、「売れる個人」の実例と併せてご紹介しましょう。

先行者になる

「先行者利益」という言葉があるように、先行者というだけで価値が生まれることがあります。

たとえば先述したように、私は「フリーランス」を肩書きとしていち早く使い、また当時注目されはじめていた「ノマドワーカー」という、場所にとらわれない自由な働き方の実践者としてメディアで取り上げられることが増え、ブレイクスルーを果たしました。

ノマドワーカー当事者というだけでなく、もしかすると、当時はまだ珍しかった「女性」で「30代前半」という世代、そして大手企業出身者であることも併せて白羽の矢が立ったのかもしれません。

「先行者」となるには、時期も大切です。

時期が早すぎると、あなたが先行していることに時代も周囲も価値を見出してくれないばかりか、それに価値があるのかどうか誰も分かりません。

また時期が遅すぎると、どうしても「今更感」「二番煎じ感」が出てしまいます。

複数掛け合わせる

イベントプロデューサーの我妻悠《あがつまゆう》さんは、音響・動画編集・イベント運営をワンストップでできる個人として重宝されています。

パソコン通信にハマった10代を過ごし、その後趣味から音響を極め、持ち前の人懐っこさで知り合う人たちとのご縁に身を委ねた結果、現在のような多種多様な仕事を行うようになりました。

今では外部スタッフと提携しながら、2000人規模のイベント運営や、専門学校で動画編集を学生に教える仕事をしています。

仕事や肩書きをひとつに限定せず、こうして複数の仕事を手掛ける人たちは、はじめからそうする戦略を立てていたというよりも、人のお願いに応えたりご縁に流されていった結果として、「複数の仕事が掛け合わさった」状況になる場合が多いようです。

いずれにせよ、こうして複数の仕事を持つことは、シンプルに経済的なリスクヘッジになります。ひとつの収入が途絶えても別の収入があれば安定しますし、新しい仕事へ挑戦するための冒険心も生まれやすいはずです。

正義のストーリーを持つ

ナオランジェリー代表の栗原菜緒さんは、自分の名前を冠した女性向け下着をデザイン・販売する仕事をしています。

外務省勤務から下着業界に身を転じた異色の経歴だけでなく、もともとキャスターを目指していたという彼女。

女性のデリケートな部分を包むものだからこそ、上質な国産オーガニックコットンを使用するというこだわりを見せ、またランジェリー事業を通じて「女性の自尊心を高める」という力強いメッセージも打ち出しています。性的なシンボルにもなりやすい「女性下着」を、時に社会問題とも絡めながらテレビやYouTubeで発信する彼女の姿に共感が集まっているのです。

売っているモノやサービスが単にそれで完結せず、個人を超えた誰かのため、コミュニティや社会のためという軸を持つと、それは自分の物語を超えて「みんなの物語」になる可能性を秘めています。

希少価値が高い

萩原季実子さんは、累計20万部以上の著作を持つ人気のペン字講師です。

自分らしいキャリアをつくりたいと、大好きな文字を書くことを仕事にすることを決め、ブログで集客しながら着実にお客様を増やしてきました。

SNSなどネット全盛の今、「手書き」の温かさが再注目されたこと、また彼女が書道ではなく気軽に書ける「ペン字」の教室へと事業を変更したこともあって、貴重な「ペン字講師」として出版。そしてメディア出演や講演会の依頼が殺到するようになったのです。

現代の生活からすると「ひと昔前」のように感じられるものでも、切り口を変えれば「古いからこそ新しい」という強みに転換することもできます。

特定の層の代表になる

コンサルティング業を主とする関達也さんは、宮崎と東京、その他地方を行き来しながらパソコンだけで仕事をするデュアルライフ実践者。

彼は時代を見越していち早く「デュアルライフ協会」を設立、代表を務めています。社会の変化もあって、最近テレビや新聞などメディアから「多拠点生活」について取材が来るだけでなく、雑誌のデュアルライフ特集の監修をしたり、行政からの依頼でテレワーク向けのライター起業講座やＰＲ動画制作講座なども請け負うなど、活躍の幅を広げています。

彼が「売れる個人」となったきっかけは、協会を設立したことで「二拠点生活」「多拠点生活」を目指すニッチな層の代表となったこと。

あなたにもニーズや声を拾う特定の層はないか、ぜひ探してみましょう。

ギャップや違和感、〝タブー〟がある

料理研究家のリュウジさんは、YouTubeで一躍人気になりました。

今では出す本がすべてベストセラーとなり、メディアで見かけない日はないというく

らい多忙を極める彼ですが、料理研究家としてのスタイルはとても〝個性的〟です。YouTubeの個人チャンネルだから許される、「お酒を飲みながら料理」「手順を間違える」「調味料は目分量」。酔っ払って呂律《ろれつ》が回らず、フラフラしながら料理をつくる姿に、最初は衝撃を受けたものです。

それまでの料理番組や料理研究家の在り方をまったく覆すような、いわば「タブーだらけ」のリュウジさんですが、彼の「早く」「安く」「美味しく」「身近な食材」でつくれる料理と気さくなキャラクターを見ていると、「売れる個人」になるのもうなずけます。

人に不快感を感じさせない程度の、ちょっとしたギャップや違和感、そして「タブー」。ちょっと上級編ではありますが、あなたのキャラクターややり方次第では、爆発的にウケる可能性もあります。

第三者からアドバイスをもらう

自分の強みや売り出し方を知るのに、ブランディングやSNSでの発信方法のコンサルや、既に結果を出している「売れる個人」への相談もひとつのやり方です。

私の知り合いでも、ビジネスの構築から売り出し方まで専門のコンサルタントに依頼し（有料）、結果を出している人もいます。

お金をかけられないという人は、センスのいい友人に助言をもらってもいいでしょうし、起業系オンラインサロンやコワーキングスペースなど「サードプレイス」（自宅と職場以外の第三の場所のこと）に所属して、同じ立場の仲間を見つけるのもお勧めです。99ページで述べた「シェア会」で組むパートナーにお願いするのもいいでしょう。

いずれにせよ、初対面の人よりもあなたの個性や性格、持ち味を知っている人のほうが、自分でも納得のいくアドバイスがもらえる可能性が高まります。

すべてのアドバイスに耳を傾ける必要はありませんが、時にはとても自分では思いつかない「第三者視点」ならではの有益なヒントが得られることでしょう。

「売れる個人」と付き合い、エネルギーを浴びる

「売れる個人」と付き合うことには、様々な効果があります。

彼らをロールモデルとして、自分の理想の人生を描いていくこともできますし、売れている人のマインド、考え方を参考にすることもできます。

既に売れている人は、エネルギーの量と質が〝売れる状態〟にあります。

つまり、まだそこに至っていない人も（売れていない人も）、「売れる個人」のエネルギーを浴びていくと、自然に自分のエネルギーが高まっていくのです。

個人的に親しくなれれば一番ですが、著書を読んだりオンラインサロンに参加したりするなどして、その人のエネルギーを間接的に浴びるだけでも十分効果があります。

特に「この人のようになりたい！」と思える人がいれば、その人はあなたにとって理想とする夢を叶えているだけではなく、あなたが今必要なエネルギーを放っている可能性があります。つまり、あなたにとって大事なエネルギーの持ち主だということです。

そういう人を見つけたら、時間をかけてでもその人と何らかの接点を持って、直接コミュニケーションがとれるような関係性を目指してください。

リアルなイベントに足を運ぶ、サロン運営のお手伝いをする、その人が参加する食事会や集まりに行くなど、こうした機会をつくるか、その時を待ちます。

特定の「売れる個人」とちゃんと関係性を構築できれば、影響力がある彼らのSNSで自分を紹介してもらえたり、一緒に仕事ができたりするチャンスは目の前です。

あなたが売れていくスピードは一気に高まることでしょう。

ただし、ガツガツしたエネルギーや相手を利用しようとする下心は、必ず相手が察するもの。「自分が売れたいから、この人に引き上げてもらいたい！」という欲望や下心でその人に近づくのではなく、「この素敵な人からいい影響を受けたい」「自分の知らない世界を教えてほしい」という純粋な願いから行動するように心がけましょう。

「気後れ」「面倒くさい」をどう乗り越えるか

せっかく憧れの人とお近づきになれる会やチャンスがあっても、委縮して行くのをやめた、何も話せずに帰ってきてしまった、では進展しません。

「無名の自分にとって、こんなにすごい人は別世界の存在だ」「場違いなところに来てしまった」「自分のことなんか、相手にしてくれないだろう」と感じてしまうのも無理はありませんが、できれば気後れするのを卒業したいですよね。

実は、気後れしやすい人は「無価値感」を感じやすいだけでなく、競争心が強い傾向にあります。他人と自分を無意識に比較し、立場の上下をジャッジする思考パターンを持っているため、どちらかというと他人にも自分にも否定的になりがちなのです。

「気後れ」に悩んでいる人は、46ページ「エネルギーの質を高める8つの方法」や、67ページ「セルフイメージを上げる3つの方法」を読んで、ピンとくるものがあればぜひ取り組んでください。「無価値感」「不安」「心配」あたりで固定されている感情を、「合格ゾーン」まで上げることで抵抗感はだいぶ和らぎます。

また、せっかくのオファーや紹介を「家から出たくない」「知らない人と会うのは気が乗らない」「この人とは話が合わなさそうだから」と、もっともらしい理由をつけてお断りしてしまう「面倒くささ」も、私たちは時々感じるものです。

ここでもまずは「合格ゾーン」まで感情レベルを上げて、「行動した場合」と「行動しない場合」を交互にシミュレーションしてみます。ネガティブな感情に引きずられることなく落ち着けば、自分にとって最良の選択ができるはずです。

キーパーソンやチャンスは魅力的とは限らない

キーパーソンとは、文字通りあなたが新しい扉を開けるためのカギを握っている存在です。あなたのやりたいことを応援してくれたり、人を紹介してくれたりすることもあれば、今まさに知りたかった情報を教えてくれることもあります。

また、想像してみてください。もし、あなたの可能性を信じて助言を惜しまない存在がひとりでもいたら、どれだけ心強いことでしょう。

「売れる個人」がキーパーソンになる場合は、仕事面でのサポートが期待できます。

実際に私も、何度も彼らに助けられてきました。

たとえば昨年、音声配信プラットフォームHimalayaで人生相談ラジオをスタートしようと準備をしていたら、偶然ある場所で作家・実業家の本田晃一さんに遭遇。初対面でしたが意気投合し、既にHimalayaで一番人気の番組を配信していた彼との対談が叶ったのです。そのおかげで、数千ものチャンネルの中から、開始早々総合ランキング2位という快調な滑り出しに。約750日間もSNSやネットから離脱していたため、再開する直前にこうした応援をもらえたことは、本当に幸運でした。

この事例はキーパーソンが「売れる個人」であり、当初から期待できるケースですが、こうしたキーパーソンや彼らからもたらされるチャンスは、思いがけない人や形をもって現れる可能性だってあります。

たまたま同じ会食に居合わせたちょっとした知人が、長年夢見ていたようなチャンスを運んできてくれるかもしれません。ギャラがあまりにも安く、引き受ける価値がないと思えるようなオファーが、後のブレイクスルーにつながるかもしれません。

つまり、キーパーソンやチャンスは、あなたが望むような魅力的な顔をしているとは限らないのです。

だからこそ、売れている人や力のあるインフルエンサーなど、〝分かりやすく〟期待できる人ばかりを追いかけたり、「こういう仕事じゃないと受けたくない」「この案件こそが私のチャンスになるはず」と決めつけたりしないほうがいいのです。

でも、売れたい欲望が強過ぎて、出会いを損得勘定で計るような「選別意識」の高い人は、ここで引っかかってしまいます。交流会に行って、その中で一番知名度の高い人や一番売れている人、立派な肩書きのある人を選んで近づいている人は要注意です。

往々にして、誰がキーパーソンになるのかは、出会った時には分からないものです。

そもそもキーパーソンであってもなくても、出会いは大切にしたいもの。

すべての人に対して「ご縁のある大切な人」と思って接していると、その結果としてキーパーソンやチャンスを大切にすることにもなります。

遊び心を大切に

「売れる個人」になるためには、エネルギーの量と質がカギだということは既に伝えた通りです。だからこそ、そのための道のりでは**とにかく楽しむ**のが一番！

どうしても「売れたい」一心から深刻になり過ぎると、楽しいことも楽しくなくなってしまいます。それにあなたも、眉間にシワを寄せてまでやりたくはないですよね？

ちょっとしたことで構いません、小さな楽しみをたくさん取り入れましょう。

たとえば私が独立して間もない頃、まだ仕事があまりない時代の楽しみと言えば、大好きなカフェに行くことでした。

お気に入りのカフェの眺めのいい席に座ってパソコンを広げ、家ではなかなか用意できないヘーゼルナッツラテを飲むだけでも、気持ちがウキウキしたものです。

好きな場所で働ける自由さも、存分に味わっていました。

現実を見れば「仕事がない」「売れていない」という状況でしたが、ちょっとした

「遊び心」が当時の自分をずいぶん力づけてくれたのです。

見るだけで心ときめくデザインの手帳を使う、名刺や営業用のパワーポイントのデザインにこだわる、zoomの背景を愛猫の写真に変更するなど、お金はかけず、ちょっとした手間をかけるだけでも心の状態は変わるもの。

自分ができる中で一番楽しい方法は何かを考えてみましょう。

タイミングを焦らない

「押してもダメなら引いてみる」という表現があるように、これといって結果が出ないと感じる時期は、他のことをやるか、思い切ってのんびりと過ごしましょう。

私たちは何事も「自分ごと」として捉えるものですが、進まない原因は自分ではなく、〝相手の〟〝社会の〟準備がまだ整っていないことにあるかもしれないからです。

何事にも最適なタイミングがあり、それは必ずしも自分がコントロールできるものではないと知っているだけで、焦りやヤキモキする気持ちは和らぎます。

不思議なもので、少し時間を置いて再チャレンジすると、驚くほどスムーズに進むことだってあります。

ネットに復帰して間もない頃、ある仕事を思いついてA社にやりたい意思を自分からメールしてみたのですが、1週間経っても、2週間経っても返信がありませんでした。

それまでの私なら、おかしいと思って自分から再び催促のメールを送るところでしたが、この頃になると「返事がないことにも意味はあるし、他の会社のほうがいいかもしれない」と思えるようになっていたので、がっかりすることはありませんでした。

案の定、A社にメールして3週間近く経過したとき、私のやりたいという思いを知らないB社（企画のことは誰にも話していませんでした）から一通の問い合わせメールが届き、一緒に企画をやりませんかというドンピシャのオファーをいただいたのです！

打ち合わせ後、トントン拍子に企画がスタート。

トントン拍子に進むというのは、「今がそのタイミングだよ」という典型的な良い兆候のひとつです。

物事の流れを信頼して、催促せずに待ってよかったと、しみじみと感じずにはいられませんでした。

「売れる個人」としてのふるまい

押し売りしない

「売れる個人」に限ったことではありませんが、相手が不快に感じるような営業には気をつけましょう。

たとえば相手が「検討します」と言っているにもかかわらず、「あの件はどうなっていますか？」と何度も確認を入れたりする。会って間もない関係なのに、「私はこういうことをやっていまして」と長文のメールや資料を送りつけたりする。

こうしたやり方は、決して強めの営業でなかったとしても、状況や相手によっては「押し売りされている」と感じさせてしまうものです。

私の友人に、全国トップクラスの成績を収める某外資系生保マンがいます。浮き沈みの激しい歩合制の仕事ながら、彼が安定して軽く億を超える年収を稼ぎ続けているのを知って、一体どんな仕事ぶりなのか観察することにしました。

　ところが、拍子抜けするほど彼はちっとも営業をしかけてこないのです。私と一緒にいても世間話ばかりで、生命保険の話もなければ資料さえ見せてきません。だからこそ、「自分はカモにされていない」と信頼し、保険を契約する人たちの気持ちが分かるような気がしたのです。まさに、「営業しない営業」という感じでした。


　対照的な友人もいました。同じ業界で良好な成績を上げている彼から食事に誘われてレストランへ行ってみると、雑談もそこそこに、早速資料を出してきたのです。

　言葉巧みな説明を受けて正直戸惑いましたが、友人ですし、話だけでも聞くよと答えたところ、彼は後日提案書を持ってやってきました。

　そこでびっくり！　提案されたプランが、かなりの高額だったのです。

　もちろん、彼が私の今後の生活のために、親切心や責任感から組んでくれたプランだとは分かっています。けれども、どうにも釈然としない気持ちがして、丁重にお断りすることにしました。もう少し、提案を受けるまでにコミュニケーションが欲しかったのかもしれません。

人を動かすのはテクニックではなくてハートだということを、これらの対照的な体験のおかげでつくづく実感したのです。

特に仕事がない時期、軌道に乗っていない時期は要注意。状況を打開したいという焦りから、普段だったらしないような「押し売り」やしつこい連絡に走ってしまう人もいます。こうしたふるまいは評判に関わるだけでなく、ますます当の本人の心の余裕を奪ってしまうものです。

人脈をひけらかすことをしない

売れていく過程では、それまでの自分には無縁だった人たちと触れる機会ができ、人脈が広がります。テレビの中の人だと思っていた有名人と直接話せる機会も生まれて、舞い上がってしまうような時期が来るかもしれません。

そんな時、「有名な〇〇さんと知り合いになった」とか、「会食で一緒だった」などと誰かに言いたくなるもの。人に話すこと自体は、うわさや秘密の暴露でなければ別に問題ありません。ただ、ひけらかすような行為には気をつけましょう。

特に「欠乏感」や「虚栄心」が強い人は、実際には知人と呼べるほどにもなっていないのに、いつの間にか自分の中では「友だち」になってしまっていたり、自分に欠けている実績や知名度を、数だけは増えていく〝人脈〟で埋めようとすることがあります。いつしか自分も「同レベル」だと思い込んで暴走しがちになるのも、こうしたタイプに起こりやすいのです。

ブログやFacebookで、何かと「有名な誰かとの交流」を写真つきでアップする人がいますが、意外と周囲は冷ややかに見ているもの。

自分に価値をつけるために、誰かを軽々しく利用するのは避けましょう。

個人情報を守る

今はＬＩＮＥの流出ひとつで、簡単に秘密が暴かれてしまう時代。

「売れる個人」は、こうしたことに多かれ少なかれ敏感になっています。

特に後ろ暗いことがなくても個人情報に対して警戒せざるを得ない状況で、もし誰かの経済事情などをペラペラしゃべる人がいるとしたら、決して気持ちのいいものではないはず。売れている人であればなおさら用心しているものと考えてください。

また、「あの人はこういうことをやろうと計画しているらしい」「あの人はビジネスでステップアップするために、こんなことをした」など、オープン前の情報の取り扱いにも気をつけましょう。もちろん、こうした情報が誰のものかはもちろん、自分が抱えているプロジェクトに関しても同様です。

「ここだけの話」と、もし誰かが打ち明けてくれたのだとしたら、それはあなたを信頼している証拠。「ここだけの話」はここだけに留め、もし話題にするなら、当人がブログなどで発表していることや確認が取れた部分だけにします。

また住所や携帯番号などの個人情報が気になる人は、その扱いに気をつけましょう。個人で何かをすることが増えると、こうした情報を共有する機会が増えます。

特に自宅を仕事場にしている女性の場合は、住所が知られることに抵抗がある人もいることでしょう。その場合はコワーキングスペースやシェアオフィスの「住所貸し」サービスに申し込んで、そこを郵送物の受け取り窓口にしながら、後で自宅に転送してもらうと安心です。

またスマホやパソコンを使って仕事をする今、携帯番号はもちろんLINEアカウントなどプライベートでも使用するサービスの扱いをどうするか、事前に「マイルール」を決めておくと安心です。

携帯番号は全員に教えるけれど、LINEの共有はこの範囲の知り合いまで、メッセージは送り合うけれど電話は出ない、オンライン会議はzoomで一括して行うなど、今のうちに自分が納得のいく〝取り決め〟をしておきましょう。

なお、窓口業務全般を委託することもできます。芸能人も所属するような大手芸能事務所からフリーランス専門のマネジメント会社まであるほか、知人のツテや各種サービスを使って、「個人秘書」をお願いする人もいます。

費用は業務内容によって様々でしょうが、問い合わせへの返信や振り込み確認など基本的な「メール対応」を、ひと月数万円で委託している友人もいます。

こうした対策はあなたの手間を省くだけでなく、個人情報を守る観点からも有効だと思います。色々と検討してみてください。

SNSに余計なことをアップしない

大勢の人の目に触れる可能性のあるSNSは、自分では何の気なしに発信したことでも、思わぬ顰蹙《ひんしゅく》を買ってしまうことがあります。実際に配慮が足りないケースも、受け取り方の問題であるケースも、両方あります。どちらにしても、気持ちのいいものではありません。

たとえば、グループ旅行の写真をFacebookに載せたとします。ところが、グループの中には事情があって旅行を伏せたい人がいて、「削除してほしい」と依頼が来たとします。こうしたことが起きると、せっかくの楽しい旅行に水を差された感じがするものです。

普段からよく付き合いのある人なら安心かもしれませんが、大人数の場合はあなたのSNSに載ることが不都合になる人がいるかもしれないと考え、事前に許可を取り、大丈夫だと分かるまでは投稿を控えるなどしましょう。

また、自宅近くのお店やしょっちゅう足を運ぶレストランなど、自分の生活圏が知られることがないように配慮することも大切です。

私の場合だと、Twitterをしていた時は、実際にお店にいる時間にはその場所にいることを投稿しないようにしていました。

更に、「生活感」が見えるような写真や表現にも気をつけましょう。

生活感とは、特に経済面が見えるような部分のことです。

高級な持ち物や贅沢な生活をオープンにすることで人気を得ている人ならともかく、どんな面でも何かとひけらかす行為は「百害あって一利なし」と考えましょう。

対策としては、発信内容を投稿前に読み返してみて、「違和感」や「引っかかるポイント」があれば書き直す。これを繰り返していくと、「なんとなく、これはやらないほうがいい」「ちょっと時間を置いてみよう」というような直感が働くようになります。

自分だけでは心配な場合、大事な投稿に関しては誰かにチェックをお願いするのもいいでしょう。

配偶者やパートナー、家族や友人など、自分に対して率直な意見をくれる人に頼んで、二重チェック態勢で対応してください。

炎上したらどうするか

SNSで〝炎上〟してしまう可能性は、誰にでもあります。炎上すると本人がダメージを負うだけでなく、場合によっては家族や会社、学校など、周囲に迷惑をかけてしまいます。

また芸能人やスポーツ選手でなくても、今は個人が特定の企業からスポンサードを受ける、企業のアンバサダーや広告に出演するというようなケースが増えています。自分のふるまいによって案件を失うこともあり得ますし、炎上によって自分だけが被害を受けるならまだしも、誰かに損害を与えてしまうことだけは避けたいもの。

炎上には、程度にかかわらず自分に非や責任があるケースと、自分に非や責任がないケースがあります。

自分に非がある場合は、すぐに正直に謝るのが一番です。間をあけずに誠実に対処するなど、「行動」で示しましょう。

同時に自分の何が炎上を招いたのか、配慮に欠けていた自分としっかり向き合い、反省することが必要です。お詫び文の掲載や謝罪で対処する場合もあれば、相手や企業などへの金銭的賠償などが発生する場合もあるでしょう。

後者の場合は自分の経験の範疇を超えているため、弁護士に相談したり、こうした事例を乗り越えたことのある人から対処法を聞いたりして、適切に対応してください。

一方、状況によっては、自分に非がない場合もあります。たとえばあなたが嫌いだというような単なる感情的な反応の場合です。それは相手自身の好き嫌いや八つ当たりですから、こちらの責任ではありません。毅然と対応しましょう。

無視するか、中傷度合いがあまりにも高いようであれば、今は誹謗中傷に対応する弁護士チームや無料または格安で相談できる団体もあります。

ただ、無視するといっても、自分に非があるのかないのかを、時に冷静に判断しなければいけません。本当に無視していいことなのか、それとも〝自分の痛み〟を見たくないから無視するのか、そこを間違えないようにするのです。

痛みを見ないふりをすると、ある日相手に感情的に言い返してしまったり、楽になりたい一心でとりあえず謝ったりして、結局は解決につながらないこともあるからです。

冷静に自分の気持ちと向き合って痛みを受け入れた時に、「これは自分にはどうしようもないことで、相手の問題だ」ということを理解できるかもしれませんし、「自分の問題だ」と気づいたのなら、二度と繰り返さないよう、自分のふるまいを変えていけばいいのです。


私が以前炎上した時は、幸い仕事に対する影響はほとんどなく、単発の案件がひとつ契約終了しただけで済みました。この案件も、プロジェクトのトップの人と話し合ったことでお互いのわだかまりを持ち越さずに済んだため、その後別の機会でご一緒することも叶いました。

炎上している最中は最悪な気分で、惨めな気分や恥ずかしさ、怒りなどが次から次へと込み上げてくるものです。感情的には本当に大変でしたが、今となってはそれらもいい経験です。

〝修羅場〟を何度かくぐると腹も据わってきますし、自分の言動を反省して次へと生かす機会にもなります。決して悪いことばかりではありません。

何よりも、仮に自分にとって遠い存在の人に嫌われたとしても、近くに信頼できる人がいて、自分を愛してくれる人がいたら幸せなのですから、〝アンチ〟の存在に意識を向け過ぎず、どっしりと構えていられるようにもなります。

4章

売れる個人をつくる「戦略」

名前と写真とプロフィールは「3点セット」

ここからは、より具体的な「戦略」を書いていきます。

①名前 ②（あなたの）写真 ③プロフィールは、自分という商品を売り出すための基本中の基本の「3点セット」です。

自分を世の中に知ってもらうための〝顔〟ですから、あなたの個性やキャラクターを魅力的に表現するものでなくてはなりません。

①名前（本名、ペンネーム、ビジネスネーム）

名前で最も一般的なのは、「本名」をそのまま使用することです。自分にとって最も親しみのあるものですし、これまでの活動と分断されず、人に覚え直してもらうことがないのもメリットです。

会社員でもSNSで広く発信することが当たり前となった今、本名で個人の活動をするのに抵抗を感じない人が増えています。

ただ、会社で副業を禁止されている場合や、プライバシーを保護したい方は、「ペンネーム」を使いましょう。SNSで使っているペンネームが既にあればそのまま使えばいいですし、新たにつける場合は、あなたのあだ名や専門分野をイメージさせる、分かりやすいものがお勧めです。

本名を使う際に気をつけたいのは、あなたの名前が「日本人に多い名前」や「有名人と同じ名前」である場合です。

たとえば「田中明子」という名前は馴染みのある姓と名のため、Facebookで検索すると自分以外の誰かもずらりと表示されるでしょう。

また、大スターと同姓同名であれば、自分の名前はその人の大量の情報に埋もれてしまいます。大スターと同姓同名だからこそ覚えてもらいやすく、印象に残りやすいというメリットもありますが、ネットの検索上位に表示するのは難しくなってしまうでしょう。

こういう場合は、「ビジネスネーム」をつけるのがお勧めです。

名前をすべてカタカナにするだけでも違いを出せますし、仕事用と割り切ってまったく違う名前を使い分けてもいいでしょう。

「仕事」と「プライベート」の2つの人格を持ち、オン・オフを切り替えやすいメリットもありますし、複数の仕事をしている人であれば、仕事によって名前を使い分けてもいいかもしれません。

また、ペンネームやビジネスネームは普段通りの生活を守るのにも役立ちます。

以前、新居に引っ越しした際に、こんなことがありました。

とある業者に電話をして、対応するオペレーターの女性に住所や支払い方法などを伝えたところ、やり取りの最後に、不意に「あの安藤さんですよね？」と声をかけられたのです！

聞くと、私の講演会に来てくださったことがあり、つい嬉しくて確認したとのこと。

とても感じの良い若い女性でしたし、悪い気はしませんでしたが、ちょっと恥ずかしくもなりました……。

ペンネームやビジネスネームをつけにくい医者や弁護士のような職業の場合で、他と差別化しにくい名前の方は、「キャッチコピー＋本名」の組み合わせがいいでしょう。

たとえば「情熱の弁護士　田中明子」や「売り上げ倍増コンサルタント　田中明子」など、キャラクターや売りを一発でわかるようにすれば、ネット上ではちょっぴり不利な状況もプラスに変えることが可能です。

また、本名の「画数」を気にしている人にとっては、「良い画数」のペンネームやビジネスネームが、その人の気持ちや活動を後押しすることにもなるでしょう。

② 写真

プロのカメラマンに撮影してもらう

写真はブログやFacebookなどSNSから、ホームページ、講演会やイベントの告知文、著作やメディア出演時まで様々な場面で使われます。

あなたを最も強く人に印象づけるものですから、とっておきの一枚を撮影してもらいましょう。

その一枚は、自撮りや家族や友人に撮影してもらったもので済ませず、プロの手を借りて用意してください。全国にあるフォトスタジオでは、撮影小物が充実していたり、ヘアメイクから撮影まで一括して請け負ってくれるところもあります。

ただ屋内撮影の場合でも、できるだけ午前中に撮影し、自然光でも撮ってもらうようにしてください。**自然光で撮影された写真は柔らかく、ナチュラルで温かな印象を人に与えてくれるからです。**申し込み時に相談しておくとスムーズかもしれません。

私のお勧めは、個人で請け負うカメラマンに依頼した、「出張撮影」です。

あなただけのために、自分のお気に入りの場所や仕事に関わる場所で撮影してもらえるためアレンジがききますし、あなたの個性をより表現できます。

「出張　撮影」とネットで検索すれば、マッチングサイトや専門サイトが見つかります。価格もバリエーションがあるため、予算に応じて頼んでみましょう。きっと作品の雰囲気やセンスが好きだと思えるカメラマンが見つかるはずです。

自分を分かりやすく表現する

写真では自分を分かりやすく表現することが望ましいため、何をしている人なのか、あるいはどんなキャラクターの人なのかを写真で伝えられるような演出をしましょう。具体的には、撮影場所や小物、メイク、服装、表情などを活用して、見る人に対して、印象を伝わりやすくするのがポイントです。

たとえば、作家や編集者なら本棚の前、ヨガインストラクターなら朝日を背景に太陽のポーズをとっているところ、アニマルセラピストなら猫を抱く、子どもに関わる仕事なら笑顔で子どもたちと写っているなどです。

つまり、写真は事前と撮影中のコミュニケーションが命。

カメラマンに依頼する際は、「自分はこんな仕事をしていて、こんなふうに見られたい」というイメージを恥ずかしがらずに相談することが大切です。

私もフリーランス生活10周年を迎えた時、大切な節目にと、気合いを入れて撮影をしました。

ニューヨークと東京を拠点に広告や女性ファッション誌などで活躍するHAYATOさんに撮影を、オーガニックコスメ「MiMC」のプロデューサー・人気ヘアメイクアップアーティストのMICHIRUさんにヘアメイクを担当してもらい、撮影場所も、ニューヨーク風の本棚の前やオープンテラスのカフェなど、自分の仕事や働き方のスタイルが伝わりやすい場所にしました。

これだ！　という一枚が撮影できるととても気持ちが高まりますし、その写真にふさわしい自分でありたい、理想の自分に近づきたいと、健全な野心が生まれます。

見た目に定番ポイントをつくる

「〇〇さんと言えばコレ」というように、見た目の定番ポイントをつくると人に覚えてもらいやすくなります。たとえば「丸メガネ」「着物」「日本人形のような黒髪ストレート」「ピンクのネクタイ」などは、印象に残りやすい見た目の代表格です。

芸人のカズレーザーさんは金髪に赤いスーツ、魚類学者でタレントのさかなクンはハコフグのぬいぐるみの帽子に白衣で知られています。

あなたにも定番がつくれるかどうか、一度考えてみましょう。

写真は最低一年間使い続ける

消費者に認知してもらうため、広告は一定の期間、一定のビジュアルで宣伝し続けるもの。商品パッケージやロゴもコロコロとは変えません。

あなたの写真も同じ理由で、最低でも一年間は使い続けてください。

そしてメインで使用する写真は、SNSでもホームページでも統一しましょう。

ある程度人に覚えてもらえた写真は、たくさんの情報が流れるSNSの中でも「あ、○○さんだ！」と見つけてもらいやすいからです。

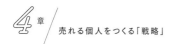

顔出しできない場合

組織の一員でいる場合や副業が禁止されている場合、またプライバシーを守りたい場合など様々な理由で顔出しができない場合は、イラストで代用するのがお勧めです。

自分の似顔絵や自分の仕事と関係のあるモノ（たとえば花やコーヒーなど）を、イラストが得意な人は自分で描いたり、イラストレーターに描いてもらうのがいいでしょう。

カメラマン同様、イラストレーターのマッチングサイトもありますし、Instagram などで気に入った人を見つけて直接依頼する方法もあります。

③プロフィール

プロフィールはSNSの自己紹介欄、ホームページ、イベントの告知文など様々な場面で使うもので、あなたの「履歴書」のようなもの。しっかりつくり込みましょう。

プロフィールは文字数別に「80文字」「150文字」「300文字」と、3種類つくるのがお勧めです。「80文字」は雑誌など紙媒体でのあなたのインタビューやコメント掲載用に、「150文字」はSNS用やイベント告知用に、「300文字」はホームページや本の著者紹介用にと、用途別に準備しておきます。

プロフィールの基本となる要素を挙げていきます。

・肩書き
・キャッチコピー（例：予約の取れない心理カウンセラー、リピート率95％のカリスマ美容師）
・経歴（代表的な仕事）、学歴
・現在の仕事に至るまでの印象的なストーリー
・業績を数字化する（例：のべ5万人がセミナーに参加、経理一筋30年）
・メディア出演＆講演実績
・著書
・ホームページやSNSアカウント

作成にあたっては、「売れる個人」のプロフィールを参考にしてみましょう。ホームページやSNS、出版している人であれば本やAmazonのプロフィール欄が参考になります。彼らのプロフィールを参考にしつつ、何度も納得のいくまで書き直してみましょう。

キャッチコピーがあると、人に覚えてもらいやすくなります。

たとえば「ジーパン王子」「古文のカリスマ」「伝説のバイヤー」など、その人の仕事の分野やキャラクターが伝わりやすいものが望ましいです。

こうしたキャッチコピーは自分でつける場合もあれば、誰かにつけられて浸透する場合も、「売れる個人」になる過程でメディアがネーミングする場合もあります。


そしてプロフィールは某遊園地と同じで、「永遠に未完成のもの」。


今後のあなた次第でどんどん進化するものと考えてください。

実績が増えた時はもちろん、方向性や心境の変化、新しい目標ができた時などもプロフィールの更新タイミングです。

「完成させなければ」と考えると肩肘張ってしまいがちですが、常にアップデートしていい、変わっていいものなので、気楽にあなたの魅力を伝えるプロフィールづくりに取り掛かってみましょう。

キャラクター戦略

「キャラクター設定」をする

自分を商品と捉えた時、しっかり定めたいのが「キャラクター」です。

ぶれないキャラクターはあなたを世間に印象づけてくれるため、特にメディアや出版など世間に広く露出し、タレント的な位置づけで仕事をしたい人には有効です。

ここでは「売れる個人」になるためのキャラクター決めと、その「ブランド」に基づいて一貫して行動していくことの大切さについてご紹介します。

キャラクターに影響する要素はとても多く、設定には「あなたの持ち味」と「お客様の期待」のいずれも加味することが大切です。

また「お客様の期待」には、あなたの商品やサービスを買ってくれる人だけでなく、

「市場ニーズ」と「ライバル」も含めてください。

「市場ニーズ」とは、現在人気のある「売れる個人」や求められる人物像のことで、「ライバル」とはあなたと同じ専門分野やファン層が重なっている人のことです。


これまで個人としてある程度仕事をしてきた人であれば、設定は比較的簡単です。

けれども、これから個人としてやっていく人にとっては、少々時間がかかる作業だと思います。

どうしても自分で決めるのが難しいという人は、外部のブランディング専門家やビジネス系のコンサルタントに相談するという手もあります。

また、起業したい人向けのセミナーや著者になりたい人向けの作家プログラムなど、「プロフィール作成」「自分の強みの発見」などがカリキュラムにある講座で学ぶのもお勧めです。


「あなたの持ち味」

・「あなたらしい」と周囲によく言われることは？

・あなたを形容するとしたら？（例：明るい、誠実な、勇敢な、あざとい）
・早口かおっとりか？　セレブ風か庶民的か？　和風か洋風か？
・オーガニックか都会的か？　控えめか華美か？　デパート服か個性派ブランドか？
・どんなライフスタイルを送っているか？
・あなたの役割（110ページ「自分の『役割』を決める」参考）
・タイプを考える（時代の寵児《ちょうじ》、保守的、優等生、リーダー、ヤンチャ、熱血）
・似合う色、似合う服、似合うメイク（プロに相談するのも◎）
・子どもの頃の性格（例：ひょうきん、甘えん坊、しっかり者のお姉さん）
・好きな服、好みの雑誌やインテリア（あなたの美的センス）

「お客様の期待」
・あなたのお客様（読者、ファン）はどんな層か？（性別、年齢、職業、収入など）
・お客様があなたに求める感情的欲求は？（例：癒されたい、元気になりたい）
・周囲へどんな印象を与えたいか？
・どんな人が求められる商売（事業分野）か？

・よく褒められる服、反響のある写真
・あなたの分野で今最も勢いのある「売れる個人」や「ライバル」

キャラクターに合う服装

158ページ「見た目に定番ポイントをつくる」でも述べたように、服装はあなたの個性をビジュアルで表すものです。

自分のキャラクターに合った服装を心がけましょう。イベントやメディア出演など人前に出る時には、自分のキャラクターを軸に装いを選ぶようにするとぶれません。

スタイリストやパーソナルコーディネーターといったプロの目線を借りて、自分の好みや仕事の分野や客層を伝えて服を選ぶのもいいでしょう。彼らの多くはInstagramやブログなどで発信をしているので、「この人素敵だな」「このコーディネートが好き」というように、自分の好みの感性の人を探してみます。

キャラクターに合うライフスタイル

ユニクロやGUをおしゃれに着こなす「プチプラおしゃれキャラ」。

移動はデザイナーズ自転車で、食事やサプリメントの知識が豊富な「ヘルスケアキャラ」。

最新ファッションと音楽に身を包む「トレンドに敏感キャラ」。

キャラクターの断片的な情報を挙げてみましたが、彼らの生活がどことなく想像できませんか？

この項目では、「ライフスタイル」という点に注目していきます。


あなたのキャラクターが決まったら、ライフスタイルもそれに合わせて統一します。

つまり、決めたキャラクターに「一貫する」「関連する」ライフスタイルだけに絞って、今後は発信していくのです。

たとえばアメリカ西海岸風スタイルのような、開放的でゆるさがある、都会的で洗練されたキャラクターに決めたとします。そうしたら、「コーヒー」「筋トレとサプリメント」「サーフィン」「海辺での生活」「最新のガジェット」「デザインコンシャスな仕事道具」など、その〝タグ〟（ここではアメリカ西海岸風スタイル）に合うものだけを対外的に発信し、それ以外のものは〝捨て〟ます。

生活までキャラクターに縛られてしまうの？　と驚く人もいるでしょうが、もちろん普段ではなく、「対外的」な場合に限ります。

こうしたことを特に意識する時期は、**「売れる個人」になる前、そしてブレイク直後**です。ある程度「売れる個人」としてのポジションを確立してしまえば、キャラクターにとらわれず様々な面を見せてもいいでしょう。

あなたはどんなモノを持ち、どんなレストランで食事をし、どんなホテルに泊まるのでしょうか？　キャラクターから考え、ライフスタイルに一本の軸を通してみましょう。

こうしたポイントに注目すると、たとえばホテルだけでも様々なバリエーションがあることが分かります。外資系の超高級ホテル、アートと遊び心あふれたデザイナーズホテル、純和風の文豪っぽい旅館、伝統と格式のあるクラシックホテル、今っぽいおしゃれなゲストハウスも。

選ぶホテルだけでも、その人への印象やイメージは変わります。

キャラクターに合う価格

あなたは、高級感を売りにしているのでしょうか？

それとも、親しみやすさでしょうか？

経営者や富裕層など、一部の層に高く厚いサービスを提供する方向性もあれば、逆に広く手の届きやすい価格で届けるという方向性もあります。

自分を安売りしないことも大切ですが、高過ぎる価格設定も考えものです。

「自分の価値は自分で決める」からと、あまり知識や経験がないのに、いきなり高い価格設定をする人を見かけることがあります。

確かに価格は自分で決めるものです。でも客観的な目を持たないと、適正な価格をつけることができません。**自分の実績や市場の状況、キャラクターなど、複数の要素を考慮に入れながら自分のコンテンツへの価格を決めていきましょう。**

あえて極端な例を挙げると、高級ホテルで長年の勤務経験があり、専門知識やきめ細やかなサービスに精通した人であれば、富裕層や経営者を相手にした高めの価格設定でもニーズに合っていますが、学生や子育て真っ最中のママを対象にしている起業したての人が1クール100万円のセミナーをやろうとすれば、客層と合わないばかりか、受け手に嫌悪感や違和感を感じさせてしまうかもしれません。

価格は、高いほうが良くて安いほうが悪いとか、安いほうが良くて高いほうが悪いということでは決してありません。自分に合った価格設定が大切です。

価格幅にバリエーションを持たせる

ここでは、「売れる個人」として想定される「コンテンツ」「売り物」と、参考となる価格帯を列挙していきます。一般的には、個人としての活躍の場が広がるほど、扱う商品やサービスも増えていきます。

ポイントは、サービスの価格にある程度のバリエーションを持たせることです。単価の安いものであれば広く人を集めることが期待できますし、新規のファンを獲得するための間口になります。その一方で、サービスの内容を変えてより高価格帯のコンテンツも提供するようにしましょう。

有料のものに加えて無料のコンテンツも入れます。

無料のサービスは広くお客様を集め、自分を知ってもらう入り口になりますし、ここから有料のサービスを売ることができます。ただし前の項目でお伝えしたように、全体の価格はあなたのキャラクターや客層に合わせて設定してください。

価格は単価で月額とし、ごく一般的な例としてご紹介します。

無料

・ブログ
・音声配信（ラジオ、アプリなど）
・メルマガ
・7日間メールコーチ
・YouTube

・小冊子やＰＤＦファイル配布
・お試しコーチングやカウンセリング、施術、相談など

価格：〜１０００円

・有料メルマガ
・有料ブログ
・有料音声配信

価格：〜５０００円

・オンラインサロン
・書籍
・対面／オンラインのイベントや講演会、ワークショップなど（多人数のもの）
・グッズ販売（ファングッズも含む）

価格：～5万円

・雑誌やWebメディアなどの原稿料
・メディア出演料（インタビューやテレビ出演）
・対面／オンラインのサービス（コーチング、施術など）
・セミナー（少人数のもの）
・DVD販売
・グッズ販売（通常の商品の他に、ファングッズも含む）

価格：5万円以上（高価格帯のもの）

・グループ&マンツーマンコンサルティング
・長時間のセミナー、宿泊型リトリート
・国内&海外ツアー

・講演料
・企業へのアドバイザリー料
・プロデュース商品のロイヤリティ
・広告出演、アンバサダー契約料
・企業との顧問契約料

無料で仕事をするなら条件を決める

無料で配布・提供するコンテンツとは別に、無料で仕事をするかどうかについて私の考えを述べると、これは「アリ」です。

ただしその場合は、いくつかの条件やルールを先に決めておきます。

・個人での仕事をスタートして「半年間」など期限を決める
・「最初の50人」は無料でコーチングするなど、人数を決める

・友人や恩人など、「特定の人」との仕事
・誰かを応援するためなど、自分の喜びからの仕事
・慈善事業や寄付、学生向けなど、社会貢献のための仕事
・メンターや尊敬する人のお手伝いなど、学び目的がある場合
・メディア出演の仕事
・商品やサービス、本の宣伝などの仕事
・SNSで宣伝してもらう、物品をいただくなどの「等価交換」
・無料でやること自体がキャンペーンなど、その後のビジネス展開の布石となる場合

やり方次第では、無料でやることも効果のある戦略になります。

ただし「期限」や「人数」を区切ってやる場合は、相手に事前にそのことを伝えた上で、それを過ぎたら報酬をいただくようにしてください。ここが甘いと状況にズルズルと流され、いつまでも無料のままか安く使われてしまいかねません。

キャラクターに合わない仕事はやらない

最後にキャラクターという切り口から、とても大切なことをお伝えします。

「売れる個人」になると、様々な仕事のオファーが来ます。

自分のキャラクターに合わない仕事は、安易に受けないというポリシーを持ちましょう。

たとえば自分の好みとは違うブランドやジャンルの洋服のプロデュースや、自分のこだわりとは違う商品の監修などです。

もし心が動いて「やってみたい」と思えば、あなたの決めることですから止めはしません。けれどもOKを出す前に、「本当に自分がやるべき仕事だろうか？」「自分のキャラクターに合っているだろうか？」と、一度は立ち止まって考える時間は持ってください。

SNSのフォロワー数が多かったり、一定の層の認知度が高まると、「商品を宣伝してほしい」「広告に出演してほしい」「キャンペーンのアンバサダーになってほしい」というような案件も舞い込んできます。

中には高額の報酬がもらえる仕事も珍しくありませんが、こうした仕事が自分のキャラクターやポリシーに合っているのかどうかをきちんと見極めてください。

私もこれまで広告への出演やアンバサダーを務めたことがありますが、どれもすべて、オファーがある前から愛用していたり、自分と関連性のあるものだけです。

こうした案件以外にも魅力的な仕事のオファーは様々ありましたが、自分が使わないサービスや使ってみてしっくりこないものは辞退しています。

一度自分のキャラクターやポリシーから外れてしまうと、自分の中でも甘えや迷いが出てくるようになります。

目先の利益に飛びつくことのないように気をつけましょう。

「スキル交換」でファンとの距離を縮める

「100人のファンをつくると、個人の仕事が安定しはじめる」と、以前メンターから教えてもらったことがあります。

ここで言う「100人のファン」とは、あなたのことが大好きで、ブログやYouTubeなどを日常的にチェックしてくれるだけでなく、あなたの販売する商品やサービスを購入してくれ、その人の友人、そのまた友人へと口コミで広げてくれるようなコアなファン層を指しています。

「100人のファン」を育んでいくには継続的な発信とフォローが大切になりますが、クラウドファンディングのように顧客を巻き込むプロジェクトもひとつの方法でしょう。

それ以外にお勧めしたいのは、「スキル交換」です。

物々交換ならぬ、自分と顧客のスキルを交換し合うもので、リアルな友人でもいいですし、ブログやFacebookなどSNSで募集すると思わぬ反響を受けることもあります。

もしあなたがアロマセラピストで相手が話し方の講師なら、相手の好きなアロマオイルを調合してルームスプレーをつくってあげる代わりに、相手からは話し方を指導してもらうのです。こうしたやり取りを、何人かと同時にやってみるといいでしょう。

もちろん、マンツーマンではなくグループで集まってお互いに交換するのもよいですし、会社員や主婦でも自分の得意なことでぜひ様々な人とつながってみてください。

スキル交換をするメリットは、一定時間コミュニケーションをとることでグッと心の距離が縮まることです。これまでブログを読んでいただけという関係から、濃い交流を持てたことでお互いの親近感は一気に増します。

親近感を持つ人に対しては、人はより好感を持ち、応援したくなるもの。

仮に10人とスキル交換をするだけでも、あなたを応援してくれるファンが増えたことを実感できることでしょう。

ファンとの距離感について

「売れる個人」として活動をしていくと、多くのファンがつくようになります。

彼らはあなたの提供するものに価値を感じ、喜んでコンテンツや商品を購入してくれるだけでなく、思うようにいかずあなたが悩んでいる時期にも変わらず応援してくれる、心の支えにもなるようなとても大切な存在です。

しかしながら、忙しい日々の中、増え続けるファンに対してずっと同じように対応することは難しくなります。

以前は欠かさず返していた、あなたのFacebookの投稿への「いいね！」返しやコメント返し。メールやDMに寄せられる個別メッセージへの回答。こうしたものも、多忙を極めていくうちにどうしても時間と心の余裕がなくなってくるからです。

あなたの中で納得のいく「マイルール」を、ファンとの距離や対応に関しても決めてください。

そもそも、ファンとの信頼関係をつくるのは、「いいね！」やコメントを返すことではないはず。彼らの求める良質なコンテンツやサービスを提供することのほうが、よほど大切なはずです。

そうしたことに時間を割き過ぎるのはやめて（やりたい人は別ですが）、考える時間を取ったり、言葉やスキルを磨いたり、最新の情報を仕入れることに力を注ぎましょう。

デザインの「核」を決める

ホームページ、名刺、Facebookのカバー写真、チラシ。

個人の仕事には、意外と「デザイン」がついて回るため、遅かれ早かれ、「自分のキャラクターやブランドに合ったデザインとは何か」という課題にぶつかることになります。

自分だけで考え込まず、デザイナーに依頼する（他の職業と同様、ネットで探せます）のが前提ですが、彼らとの打ち合わせを有意義にするためにも、ある程度「こういうデザインにしたい」という自分の理想を持っておくとよいでしょう。

ポイントになるのは、**「キーシンボル」「テーマカラー」「フォント」**です。

この3点はデザインの「核」と呼ぶべきもので、全体の印象を大きく左右するものだからです。

「キーシンボル」とは、デザイン全体のイメージを決める象徴で、キーワードとも言い換えられます。たとえば「英国風トラッド」「昭和レトロ」というようなもの。

「テーマカラー」とは、主に使う色のことです。デザインにもよりますが、「メインカラー」を1色、「サブカラー」を2色決めておくとよいでしょう。

また「フォント」に関しても同様で、主に使うフォントを決めてください。パソコンのフォントを見れば一目瞭然で、たとえば明朝体とゴシック体が与える印象は、だいぶ違います。

2011年、私がこれらのデザインを決める際には、デザイナーとの雑談の中から、過去に私がオランダ留学を経験していて、そこであだ名がオランダ生まれのうさぎ「ミッフィー」(本名が美冬なので外国人も呼びやすいミッフィーとなった)になった実話に注目。

そこから「キーシンボル」をディック・ブルーナが描く「ミッフィー」に決め、メインカラーをオレンジに、サブカラーを「白」と「青」に決めました。また、フォントも絵本風のものをオリジナルで作成していただき、ちょっと大人可愛いイメージでつくり上げました。

翌年発売された処女作『冒険に出よう』（ディスカヴァー・トゥエンティワン）の装丁も、名刺も、ホームページも、すべてオレンジ色がベースになり、統一感を出しました。

こうしたデザインの核が決まると、毎回頭を悩ませることなく、また他のスタッフたちとイメージを共有することもできるので、ずいぶんと業務が楽になります。

「ポートフォリオ」を準備する

プロフィールとは別に、ぜひ「ポートフォリオ」も準備しましょう。

ポートフォリオとは、クリエイターの作品集のことで、これまでの実績や仕事を一覧にしたものを指します。

ここで言うポートフォリオとは、「あなたの写真」「これまでの仕事実績」「イベントや講演での写真」「著作一覧」「ＳＮＳ一覧」など、写真や経歴を文字とビジュアルで見やすくまとめた資料のこと。こうした自己紹介のための〝作品集〟があると、新規の仕事の獲得や、業績アピールなどをより効果的にできますし、講演会などでの自己紹介時、また企画の提案書に盛り込む時など、あらゆる場面で使い回すことができて便利です。

また、こうしたポートフォリオを含め、「パワーポイント」や「キーノート」を使う場面が多い人は、デザインにもぜひこだわってください。

美しくレイアウトされた資料のほうが、そうでない場合よりもエネルギーが上がりますし、見やすい資料を使うと見ている人の満足度も高まります。

資料づくりが得意な人以外は、デザイナーに頼むと、他のデザインとの統一感が出ます。

中には、パワーポイント（キーノートも）の資料づくりに特化したデザイナーもいます。彼らがヒアリングして全面的に作成してくれるサービスもあれば、こちらで写真や入れる文字を用意して、デザインだけ組んでもらうこともできます。彼らはスキルマーケット「ココナラ」などで見つけることができます。サービス内容によって料金が変わりますので、予算に応じて頼んでみましょう。

話し方を身につける

「売れる個人」になると、講演会やトークショーなどの依頼が増えてきます。

そういう場では、当然ながら人前で話をすることになりますよね。

リアルに対面で話す場合も、オンラインでも、どちらもある程度話し方の基礎を学んでいるかどうかで、パフォーマンスに違いが出ます。やはり次の依頼につなげるためにも、いいパフォーマンスをしたいものです。

私の場合は、MISUMIさんというボイストレーナーの先生のもとでボイストレーニングを習いました。彼女に教えてもらった発声法や姿勢、呼吸から人前に出る時の心構えは、あれから10年経った今でも自分の血肉となっています。

ひと言でビジネス向けと言っても、企業向けのプレゼンやセミナーと、個人としての人生を語る講演とでは、話し方が違います。
プレゼンやセミナーは「説明」ですが、講演は人の心を動かすものです。

自分に必要なのはどんな話し方なのか、それをまず考えてみましょう。自分のキャラクターや仕事の分野や、来ているオファーの種類にもよります。

また、はじめはセミナーで説明力や分かりやすさが必要とされていた人が、「売れる個人」になっていく過程で心を動かす話し方や雰囲気、たたずまいが必要になってくる場合もあるでしょう。

セミナーや講演会の規模によってはマイクを使わない場合もありますが、原則としてマイクの使用をお勧めします。

長時間話すと喉を消耗するため、マイクを使うことによって自分の身体を労《いたわ》ることにもなりますし、聴衆にとってもマイクを通した声のほうが聞きやすいからです。

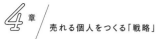

単純に、マイクに慣れてほしいということもあります。

慣れていない人が突然マイクを持つと、口元に近づけすぎたり遠ざけすぎたりして、聞き取りにくい場合があるからです。加えて、マイクを通してみれば声が大き過ぎたり割れたりすることもあるでしょう。そうならないためにも、マイクを通した時の自分の声や話し方を把握しておきましょう。

あなたのクセを直接正してくれるボイストレーニングや話し方の講座に行くことが一番望ましいのですが、様々な事情で難しい場合は、YouTubeで「ボイトレ 動画」「話し方 動画」で検索してみましょう。

口ぐせや言い回しに気をつける

人の話し方や言葉選びには個性やクセが出るもので、中には聞いている側が不快に感じるものもあります。

「売れる個人」になると音声配信やイベント、メディア出演など多くの人に向けて話をする機会があるので、今のうちに普段の話し方に意識を向け、改善しておきましょう。

やり方としては、人との会話や外向けを意識した「3分間のひとりフリートーク」を録音して、その音声をつぶさにチェックすること。

以下に挙げる様々なクセがあることに、きっと驚くと思います。

まずは現状に気づくことからスタートです。

なお、誰かとの会話を録音する際は、個人使用とはいえ必ず許可を取りましょう。

口ぐせ

口ぐせは、その人の心や思考パターンを映し出す鏡のようなものです。

「どうせ」「私なんか」は自己卑下しやすいタイプの人が持つ口ぐせですが、繰り返し使っているうちに会話の相手だけではなく、本人もネガティブな影響を受けます。

また、「一応」「とりあえず」などを多用すると、聞き手にいい加減な印象を与えてしまいかねません。

ネガティブな口ぐせを直すことは、メンタル面の改善にもなります。

言い回し

人の話を受けて「いや、……」「というか、……」と常に否定的な言葉から話しはじめる人がいます。本人としては他意のない〝反応のクセ〟なのでしょうが、相手からすると決して気持ちのいいものではありません。

また、「正直に言うと」というような言い回しを使い過ぎると、聞き手は「今までは正直ではなかったの？」と不審に感じることもあります。

間投詞

「えー」「あのー」「ええと」のような間投詞も、多過ぎると聞き手にとってストレスになります。よほど意識しないと直すのが難しいため、より質が高く聞きやすい話し方を習得したい人は時間を取って改善に努めてください。

単調な表現

同じ言葉ばかり使ってしまうのは、語彙力不足という可能性もあります。たとえば強調したい時に「本当に」を繰り返し使うというように、表現のバリエーションが少ないケースです。

失言

性別や年齢、未婚・既婚や子どもの有無、身体のことなど、デリケートな話題については時と場合を考えた上で発言しましょう。

SNSや大きなイベント、メディアなど多数が耳にする可能性のある場などでは、特に気を配る必要があります。

心にもないことを言う

誠実さや本心は、人の心を動かすパワーになります。

だからこそ、普段の会話はもちろん、ブログや本を書く時や、セミナーや講演会など公の場で話をする時も、自分が本当に信じていることや思っていることを口にすることが大切です。

たとえばちょっとしたサービス精神から、おいしくなかったものを「おいしい」と書いたり言ったりしない。決して「まずい」と言う必要はないのですが、「おいしい」と思っていないなら心にもないことを言葉にしないことです。

それは自分に嘘をつくことだからです。

たとえ小さくても自分への嘘が積み重なっていくと、自分への信頼度や尊敬度が下がり、エネルギーも減ります。

すると、聞き手があなたから感じるパワーも減っていくのです。

5章

売れる個人をつくる「発信」

本書もいよいよ終盤に差しかかってきました。

ここまで読み進めてきて、「この項目からまずはやってみよう」とすぐに行動に移したくてウズウズしている人もいるかもしれませんね。

やってみよう！　とフットワーク軽く行動に移せば、それだけあなたのエネルギーは動き、その分、変化が生まれます。

この章では、SNS、メディア出演、出版や音声配信などを使った、あなたを広く伝えるための方法をお伝えします。

感想ではなく「情報」を伝える

あなたが発信することは、「感想」ではなく「情報」になるように意識しましょう。

ブログをライフログのように使っている人なら感想で構わないのですが、「売れる個人」を目指すなら、発信をもっと価値あるものにしていく必要があります。

そこで、「感想」ではなく「情報」です。何を発信するにも個人的な感想や行動記録

で終わらせずに、受け手にとって意味のある情報やメッセージになるよう心がけましょう。

ただし、芸能人や芸能人並みに人気のある人は別です。

人気タレントが「渋谷に行ってパンケーキを食べました！」とInstagramに写真をアップする。これは単なる感想であり行動記録ですが、ファンにとっては「○○ちゃん、かわいい！」「私も食べたい！」と嬉しいわけで、これで十分です。

でも、そうした一部の人以外の個人にとっては、時々なら良くてもいつも感想と行動記録ばかりでは、おそらくその人が売れることはないでしょう。ところが、多くの人が芸能人と同じような発信をしているのが現状です。

たとえば、「渋谷でパンケーキを食べています！」ではなく、「アメリカで今流行っている、グルテンフリーのパンケーキを渋谷で見つけました！　一番人気はフルーツのトッピングに蜂蜜がけだそうです」ならば、興味のある人にとっては有益な「情報」になります。

ユニットを組む・コラボする

個人としての活動をしていくと、誰かとのコラボやユニットを組む話が出てくるかもしれません。こうした展開は、あなたの活動領域を広げ認知度を高めるためのひとつの方法になるでしょう。

まずは、「メリット」部分からお伝えします。

・あなたにはない強みや専門性を持つ人と組めば、弱いところを補完し合える
・複数人が関わることで、コンテンツに深みと広がりが出る
・あなたのファンとコラボ（ユニット）相手のファンを交換でき、認知度が上がる
・新しい仕事が生まれる（例：相手が店舗や商品を持っていて、プロデュースするなど）
・同じ個人同士のつながりが生まれる、コミュニティができる
・相手を通して、あなたが「言いたいこと」「伝えたいこと」を発信できる
・お互いのキャラクターや強みが融合して、付加価値が生まれる

・相手との掛け合いで、あなたの新しい魅力が引き出される
・「ユニット」としての〝フレッシュさ〟があり話題になりやすい、売り出しやすい

一方で、「デメリット」としては、こんなことが挙げられます。

・あなたと専門性やキャラクターがかぶる人とは、領域やファンの食い合いが生まれやすい
・相手のほうが実績や認知度が高いと（相手に）メリットを感じさせにくい
・あなたのほうが実績や認知度が高いと（自分が）メリットを感じにくい
（いずれも「応援が目的」「友人同士や夫婦」「どちらかがファン」「単に楽しみたいから」という理由であればOKです。ただビジネス関係の場合は、お互いのステージがある程度同じでなければ成立が難しいでしょう）
・そこで生まれる売り上げの配分について、トラブルになる可能性がある
・お互いの仕事の進め方や取り組み方が違う場合、不満やストレスのもとになる
・自分に万が一のトラブルが、あるいは相手に不祥事などが起きた場合、連帯責任に

なったり、イメージを損ねたりする可能性がある
・どちらかがブレイクするなど両者の立場に違いが生まれた場合、嫉妬などの感情が生まれやすい
・夫婦やカップル、親友で組んで、その後離婚や破局、絶交というような局面になった時に、お客様に対して丁寧なフォローが必要

個人同士で連帯し合い、切磋琢磨し合う環境は、本当に素晴らしいものです。ひとりで頑張るだけでは叶わない大きな果実を手にする可能性もあるし、心の支えにもなるはずです。

ただ、組む相手や組み方が大切。先述した項目を考慮しながら、ぜひあなたの「ベストパートナー」を見つけてください。

1時間講演すると想定して、コンテンツを整理する

自分に一体、どれくらい発信するだけのネタやコンテンツがあるのか。

それを知るためには、〝実践〟が一番です。

最も効果的で楽しいやり方は、「講演の準備」をすること。

今、依頼があるかどうかは関係ありません。あなたが1時間の講演をすると想定して、その準備としてコンテンツをまとめていきましょう。


まずは何を話すのか、「テーマ」を決めます。

次に必要なのは「自己紹介」部分です。184ページ「『ポートフォリオ』を準備する」で紹介した「ポートフォリオ（自己紹介資料）」を加えて、自分を短時間で分かりやすく、また魅力的に伝える練習をしましょう。

肝心なのは話す内容です。「どんな人たち」に向けて「どんな内容」を話し、「何を学んで」もらうかを考えるだけでなく、講演後の質疑応答タイムでは「どんなやり取り」が想定できるかなど、細かいところまで考えていきます。

自分用のメモで済ませるのではなく、パワーポイントやキーノートでしっかり資料をつくって、いつでも人に提供できるものまでに仕上げてみましょう。
文字だけでなく、写真や図版、図表を入れたりすると、見やすさもグッと増します。また、自己紹介部分や講演内容の一部を「動画」にすると、聴衆の関心を惹きつけやすくなりますし、メリハリが生まれて飽きさせない工夫にもなるでしょう。

以前私が主催していた講座の受講生が、この課題に取り組んだことがあります。効果はテキメン！　既に個人で仕事をしている人にとってはもちろんですが、学生や会社員の人も口を揃えて「今の生活や仕事が講演のネタになるとは！」と喜んでいました。自分にとってはごく当たり前のことが、他の人にとっては新鮮で興味深いテーマになることに気づいたようです。
この課題に取り組んだ後、講演デビューした人が何人も出たほど、得るものが大きいワークです。

既に発信をしていても、自分の持っているコンテンツが整理されておらず、実は「何を伝えたいのか」というコアメッセージがよく分かっていない人もいます。

「1時間の講演」という短すぎず長すぎない、ちょうど良い長さの講演を想定することによって、こうした悩みを解決するきっかけになります。

また、「もし自分が講演するとしたら」という意識がインストールされると、それがキラーパスとなって、なんとなく売れたいと願っていただけの状態から一歩進み、「売れる個人になりたい」とスイッチが入ることがあります。

こうしたさざなみのような意識の変化は、きっと、あなたが売れるチャンスを連れてきてくれることでしょう。

SNSは同時に「3つ」まで

ブログ、Instagram、Twitter、Facebook、YouTube、音声配信、ライブ配信と、ざっと挙げただけでも数々あるSNS。メルマガやオンラインサロンなどのサービスを加えたら、「発信ツール」のバリエーションは更に広がります。

同時に色々とやりたくなるものですが、私たちの時間は有限です。SNSばかりに構ていられませんし、朝から晩までスマホやパソコンに張り付いていたら疲れてしまいますよね。

また、同時にやり過ぎると読み手も大変ですし、ひとつのコンテンツにかける労力が分散して、質が低下する可能性もあります。

私のお勧めは、SNSを「3つ以内」に絞ることです。そして、自分の得意を生かせるSNSを選びましょう。

たとえばあなたは文章を書くのが苦手で、ブログを書くのに時間がかかってしまうとします。

苦手だけれど、「宣伝」のためだからと毎日必死。これだとストレスは溜まるし、他の業務にかける時間も減ってしまいます。

この場合、今のままやり続ける必要はありません。たとえば書くことよりも話すことが得意であれば、(分野にもよりますが)動画や音声など「話す」ことで勝負すればいいかもしれませんし、SNSのストーリー機能などを使って短めの文字で表現するとか、文字ではなく写真中心でブログを書くという手もあります。

どうしてもブログにこだわりたい場合は、スタッフや外部の誰かに代わりに更新してもらうことも、Instagramを転載して更新することもできます。

文章を書くことが得意な人はブログやメルマガを、話すことが得意なら音声配信を、編集するチームが見つかり予算も取れるのであれば動画をというように、「更新しなければ」と無理せず、「どのSNSで自分を一番生かせるか」という視点から、あなたが最も楽しく情熱を表現できる場を選んでみましょう。


以前はSNSを積極的に使っていた私ですが、現在はブログや音声配信などに範囲を限定して、時間も労力もあまり割いていません。

SNSを活動の主軸にして、多くのフォロワーを集めるインフルエンサーに比べると影響力は落ちるかもしれませんが、これまでSNSに使っていた資源をこうして本の執筆やその他の仕事、あるいは大切な人たちとゆっくりと過ごすというようなプライベートの充実に振り分けています。

環境や心境の変化、様々なステージによって、こうしたツールとの関わりも変化するものなのかもしれません。

メディア出演のオファーが来たら

ＳＮＳのフォロワーが増えファンや話題性が増してくると、あなたの専門性や価値のあるコメントを求めて、テレビ、新聞、ラジオ、雑誌、Ｗｅｂメディアなど、マスメディアから出演のオファーが来ることがあります。

求められる役割も、「インタビュー」「対談」「企画への監修」「専門家としてのコメント、所見」「コメンテーター」「寄稿」「イベント出演」まで様々です。

メディア出演のオファーが来た場合の対処法と、具体的にやることをご紹介します。

出演を受けるかどうかの基準

あなたがメディア出演に対してどんな「マイルール」をつくるか、そのポリシーにもよりますが、基本的には「あなたの伝えたいこと」「信念」を正しく（適切に）伝えられる場なのかを考慮に入れましょう。

企画内容、尺の長さ、番組（メディア）の視聴者（読者）の特性、依頼してきたスタッフとの相性（直感的に判断することもあります）、対談相手、放送（掲載）のタイミングなどを最初に確認して、あなたの気持ちに沿っているものかどうかを判断してください。

いずれにせよ、あなたが「出たいかどうか」はあなたの想いが決めること。

たとえばクイズ番組やバラエティ番組など、あなたの専門性などには関係のない、タレントや文化人としての扱いで出演するオファーが来たとします。

そうした時に、「自分の仕事の話ができないなら出ない」というポリシーを貫く人もいるでしょうし、「まずは知名度を上げよう」と積極的に機会を生かす人もいるでしょう。すべては、あなた次第です。

どんな人にとっても共通して避けたい場合があるとするなら、スタッフの態度にちょっとした違和感を覚えたり、番組の雰囲気や内容に「自分とは合わない」と感じたりした時です。

率直に言うと、メディア出演のオファーの中には、あなたを大切に扱おうとするのではなく、ただ企画を面白くしよう、こちらが言いたいコメントを言ってくれる人を探そうという場合もあります。

メールでオファーをもらった時点で気になる部分がある人は、メールのやり取りだけで済ませずに電話で一度話したり、対面で話してみると、より多くの〝情報〟が得られて適切な判断ができます。

話すことの準備

メディア出演に慣れないうちは、事前に求められる役割に合わせて「コメント」や「これだけは言いたいこと」などを手元にまとめておきましょう。

そうすると、対談やインタビューなどの最中に慌てずに済みますし、漠然とした、あまり中身のない話になってしまうのを回避できます。

また対談相手や出演するメディア、レギュラー陣（MCなど）や共演者などが分かったら、彼らのこともできるだけ事前にチェックしてください。

たとえば番組の録画をいくつか見ておけば、当日スタジオに行った時にまったく知らない場合よりは落ち着いていられるでしょうし、番組の進行にもついていきやすいです。

対談相手や共演者についても、前もってインタビューや本を読んだり、番組をチェックしておけば、出演直前の打ち合わせや顔合わせ、収録の合間の雑談でもネタに困らずに済みます。

また、話す仕事ひとつとっても、役割によって割り当てられる時間がまったく異なります。たとえばインタビューや対談は1時間ほど話す時間があっても、コメンテーターはせいぜい1分、短いと20秒くらいしか持ち時間がありません。

もし、今後コメンテーターとしての活動も視野に入れている人は、「端的に、分かりやすく話す」練習をしておきましょう。

ヘアメイク・衣装

特に女性の場合、ヘアメイクも衣装も、あなたの印象を左右する大事な要素です。

テレビ出演の場合はテレビ局のヘアメイクさんに整えてもらうことができますが、基本的には自前と考えてください。たとえば、スポンサーがついているイベント出演やタイアップ広告インタビューなどの場合は、出演料の他に、ヘアメイク代やスタイリスト代（衣装代）を請求できる場合もあります。ただ、多くの場合、請求できるのは稀です。

中には「どうしますか?」と聞いてくるメディアもありますから、気になる人は聞いてみてもいいでしょう。

個人に頼む場合、(ヘアメイクさんによりますが)5万円くらいで当日同行してもらい、希望する場所でフルメイクからヘアまでやってもらえ、撮影中もメイク直しをしてもらえます。知人などに紹介してもらうか、InstagramやブログなどSNSで探してみましょう。

そこまで予算を割けないという人は、ネットで検索すれば見つかる「メイクアップサロン」のような場所に行ってください。多くは美容院やフォトスタジオなどが運営しているところで、「フルメイク」か、ある程度自分でメイクをしてから仕上げてくれる「ポイントメイク」か選べるようです。

好みは分かれるところですし、着る衣装にもよりますが、ヘアスタイルは結婚式に出席するようなしっかりした「ヘアセット」よりは、自然なダウンスタイルをしてくれる「アレンジヘア」のほうが、個人的にはお勧めです。

衣装については、既に自分のキャラクターを熟知していて、おしゃれに自信がある人は自前のものでいいと思います。ただし、できるだけ「新しい洋服」を着るようにしましょう。これまで何度も着ている洋服よりは、この日のためのおろしたての衣装！ というほうが気合いは入りますし、露出した時の印象も違います。

また、衣装をその都度買うのが大変という人には、「レンタルドレス」という選択肢もあります。こちらもネットで検索すると様々な業者が見つかります。数千円から数万円まで、ドレスのグレードや借りる日数によっても異なり、クリーニングをせずに返却できる気軽さがお勧めポイントです。サービスによって扱うブランドも変わるようなので、「これ！」という一着をぜひ見つけてください。

もちろん、プロのスタイリストにお願いするという手もあります。メールでのやり取りや打ち合わせをして、当日の役割や仕事内容、あなたの体型や好み、見る人に与えたい印象などから当日の衣装が決まります。

代金はスタイリストへのギャラに加えて衣装のリース代がかかるため、ケースバイケース。一番良いやり方は、あなたの予算を事前に伝えることでしょう。

いずれにせよ、身なりを整えておくと気持ちが良いですし、自分により自信が持てるようになります。

ヘアメイクや衣装以外にも、男女問わず爪をきれいに保ったり、肌のお手入れをしたりすることは大切です。いざという時に備え、しっかりとケアしておきましょう。

放送や掲載当日までにやること

ドキドキの本番を終えてもまだ、あなたにはやることがあります。（生放送という場合も含めて）メディア出演の告知はもちろん、反響がある場合に備えて、プロフィールを整えたり、宣伝したい商品やサービスの紹介文を目につきやすいところに配置するなど、ホームページやSNSまわりを整えておいてください。メディアであなたの名前を目にした人が、そのままスマホやパソコンで検索する場合が多いからです。

また、放送（掲載）のタイミングに合わせて新サービスをリリースするなど、露出の機会にあなたの仕事にリターンが出るよう、しっかりと準備しておきましょう。

放送後（掲載後、出演後）は、今回の実績をプロフィールに加えます。

オファーが続くポイント

オファーが続くポイントは、何よりもあなたのコメント力やキャラクターにあります。

また、メディア関係者たちはネットでの反応もよく見ていますので、反響があればしめたもの。あなたの魅力や世間の反応次第では、同じメディアから、あるいは他の媒体から続けて声がかかる確率が高まります。

「このテーマなら○○さん」というようになれば、テレビのコメンテーターや雑誌、Webメディアでの連載など、レギュラーの仕事へつながる可能性もグッと高まります。

この項目でご紹介したポイントを踏まえながら、一回一回のチャンスに全力で応えていきましょう。

自分の「ラジオ番組」を持とう

音声配信サービスを使って、あなたの「ラジオ番組」をはじめてみましょう。

音声配信には、動画と違って手軽にはじめられるというメリットがあります。

動画だとマイクや照明を準備したり、編集したり（スタッフに依頼したり）、テロップを入れたりと様々な手間がかかりますが、音声配信はスマホのアプリひとつで配信でき、とても気軽です。スマホの録音ボタンを押して、しゃべって、またボタンを押せば録音が止まり、そのままアプリから投稿できます。

音声配信は「声」だけの出演のため、場所を問わずできます。知人は生まれたばかりの赤ちゃんをあやしながら毎日配信していますし、私も自室から配信する際は、飼い猫の鳴き声とともにお届けしています。

また、すっぴんのまま投稿できるのも、女性にとっては魅力的です！

もちろん、手軽なぶん参入障壁が低いため、競争は激しいです。

ひとつのアプリ（サービス）には、数千から数万以上のチャンネルがひしめいていますし、チャンネルのリスナー数も〝ピンキリ〟です。

それでも音声配信をするメリットがあると考えるのには、いくつか理由があります。

ひとつは、「声だけのメディア」は現在伸びているし、今後も伸びる可能性が高いこと。

アメリカでのPodcast人気が高いのは、アメリカは車社会で移動中の車で聴かれているからというのは知られた話ですが、日本もアメリカほど国土は広くないものの、車で移動する人は多いですし、テレワークが一層進むことによって、自宅でラジオ代わりに聴く人が増えていくと思います。

また、ワイヤレスイヤホンの登場によってますます「聴く」行為が快適になったため、通勤・通学の時間やランニング中、外出中のスキマ時間の活用として、音声配信が更に人気になる可能性は高いと思います。

まだ配信者の影響力や固定ファンの数に頼る現状はありますが、自分の知名度や影響力がそれほどなくても、音声配信の市場自体が急成長している今、コンテンツによっては大きく化けることができるわけです。

音声配信を勧めるもうひとつの理由は、音声配信を「練習台」として、あなたの話術やコメント力を磨くことができるということ。

配信する目的を、あなたの話し方の向上に据えるわけです。

そうすれば、たとえ結果が思うように出なかったとしても、目的は果たせます。

「売れる個人」にとって大切なキャラクターや発信力を、ある程度の緊張感を持ちながら磨いていく場は、実はそう多くはありません。

音声配信を続けることによって、あなたの話すスキルを高めるだけでなく、コンテンツをより深めたり、アドリブ力を磨いたり、聴く人が癒される声質や話し方を研究したりできます。

誰かの心に残る一冊を書こう

「いつかは本を出したい」、そういう人はとても多くいます。

以前参加したセミナーは、出版したい人向けの内容ではなかったにもかかわらず、「いつか出版したいと思う人は?」との講師からの問いかけに、おそらく9割くらいの人が手を挙げたのです。

確かに、本を出すということはどこか特別な感じがします。それは、どんな人の人生にも「心に残る一冊」があるからかもしれませんし、本が歴史あるメディアだからかもしれません。

私も子どもの頃から本が大好きで、満足に読み書きができない頃から絵本を常に持っていて、上下逆さまにもかかわらず、一生懸命声を出しながら読んでいたというエピソードがあります。自宅近くに大きな図書館があったので、小学校の帰りにひとりでランドセルを背負ったまま、図書館の棚の端から端まで見て、「今日の一冊」を借りて帰るのが楽しみだったのです。以来、何十年も一日一冊本を読む生活を続けています。

そんな私にとっても、本を出すこと、特に処女作を出すのはやはり特別な経験でしたし、あれから10年近く経ってもまだその本が売られ、今もこうして本を書き続けている環境にいることをとても幸せに感じています。

あなたが望むなら、著者になる機会を手にしてほしいです。

たとえば電子書籍での出版形態のひとつである「セルフ出版」という、出版社を通さず著者が自分で電子書籍を出版・販売する形態があります。

アメリカではすでにインフルエンサーや有名ブロガーが自分で電子書籍を出版し、利益を得ているという時流があります。Amazonでは、そうした本をたくさん見かけます。

日本はというと、電子出版はSNSとの親和性が高いこともあって、ネットでの認知度や影響力があり、「この人が本を出版すれば買う」という固定ファンが相当数いる人でなければビジネスとしてはまだ成立しにくく、電子書籍の市場がまだ小さいこともあって、本格的に進出している人はごく一部です。

ただ電子書籍の市場が拡大していく〝伸びしろ〟はあるでしょうし、出版社を通すケースと違って印税の割合も高いため、市場の拡大とともに参入してくる著者も増えてくると思います。

話を出版に戻すと、まずSNSでの存在感を高め、メディアに出演し、個人としての力と価値をある程度つけてから、出版社側から（編集者から）のオファーによって出版するのが一番王道の方法です。

また前提として、一冊の本が書けるほどの専門分野に関する経験や知識、ユニークな個性や経歴などが必要です。

ただ、今の時代に求められるような企画、著者のキャラクターやメッセージ、特別な経験や突出した文章力などがあれば、これらもカバーできるかもしれません。

王道の方法以外にも、出版セミナーを受講して編集者の前で出版企画をプレゼンしたり、出版プロデューサー（出版社と著者を仲介する人）を通したりして、出版する機会をつくる方法もあります。

またメンターや知り合いの著者などに編集者を紹介してもらうのもよくある方法です。その場合、彼らと距離が近く、信頼関係をつくっておく必要があります。

中には好きな本の「奥付」（出版社の住所・電話番号や本の発行日などが記載されている最後のページ）をチェックして、出版社や編集者に直接アタックするという猛者《もさ》もいるようですが、こうした方法にあまり良い印象を持たない編集者もいるようです。

よほど原稿が面白いとか、経歴や実績が圧倒的に優れている、本人が魅力的だという場合は別として、「押し売り」することは控えましょう。

また、文章を書くのが苦手で、本を書く時間もないという人は、ライターに代筆してもらいます。その場合は、インタビューをしながら本をまとめてもらい、著者は出来上がった原稿をチェックします。

本は出たら終わりではなく、出てからが本番という考え方もあるくらい、その後の宣伝やキャンペーンがとても大切です。そのため、ＳＮＳでの人気が高かったり、定期的なメディアへの露出があったり、全国各地で講演するなど本を販売する機会の多い人は、出版社にとって魅力的な著者と言えます。

6章

売れる個人から、「エンパワーする個人」へ

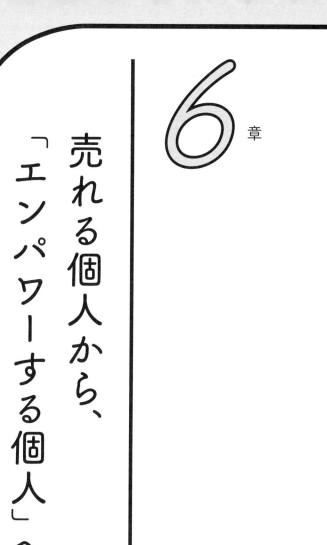

「売れる個人」の最終形態

プロローグでは、本書は「全5章」とお伝えしていたので、「え？　第6章があるの？」と戸惑う人もいるかもしれませんね。実はこの章を書くことは当初予定していなかったのですが、書き進めるうちに「私が最も伝えたいこと」として追加することにしたのです。

「売れる個人」と聞くと、ブログで月収〇〇〇万円稼ぐ！　インフルエンサーとして有名になる！　会社員をしながら副業で成功した！　というようなイメージを持たれる人が多いかもしれません。実際にこうした文句を謳って集客している本やセミナーを見かけますし、魅力的に映るのも分かります。

〝分かりやすい〟成功も本書の目指す「売れる個人」のひとつの形態ではあるのですが、私があなたに提案したい個人の在り方は、その先を生きる世界にあります。

それは、**あなたが存在するだけで他者がポジティブにインスパイア（感化）される、「エンパワーする個人」という世界です。**

本当の喜びは、自分の幸福だけを満たすのではなく、自分と関わる人すべてを明るく照らすことにあると思うからです。

「売れる個人」から、「エンパワーする個人」へ。それが本書の最後であなたに提案する「売れる個人」の最終形態であり、究極に幸せな生き方。

あなたが存在するだけで周囲の人たちが心を動かされ、勇気を出して本当にやりたいことや情熱を傾けられることに一歩を踏み出す。自分も周囲も巻き込んで、大きなムーブメントを起こしていく、そんな個人です。

「エンパワーする個人」の言葉には、不思議な力強さと説得力があります。たとえ何かを強く主張しなくても、まるで水面の波紋のように静かにじわじわと、ポジティブな影響力が拡大していくのです。そして人々は彼らの持つ独特の存在感に惹きつけられ、もっと言葉を聞きたいと、更に多くの人が集まってくることでしょう。

私自身も、こうした個人の在り方を心の真ん中に据え、選択に迷った時は、「エンパワーする個人としての私は、どのようなふるまいや選択をするだろうか?」と問いかけ

続けています。まだまだ道半ばではありますが、そうありたいと本気で願うところから
すべてがはじまるのだと信じています。

「エンパワーする個人」との出会い

「売れる個人」になりたかった20代、その願いがやっと叶った30代を走り抜けてきた私は、心が躍るような素晴らしい経験も、声を上げて泣きたくなるような経験も、めいっぱい味わってきました。

そんな私だからこそ、あなたが今「売れたい」と切実に願う気持ちも、まだそうなっていないもどかしさも、ここまで読み進めてきてもなお、「売れる」ことへの不安があることもよく理解できます。

自分をあきらめたくない。
持てる可能性を最大限に花開かせたい。

今こそ変わりたいし、自分を生かしたい。

この世界で、自分にできることがあるはず。

――でも、私なんかにできるんだろうか。


こう感じているかもしれないあなたのために、あれから何年経っても色褪《あ》せることのない、私の大切な思い出を最後に贈ります。

それは、自分を信じて突き進むきっかけをもたらしてくれた、2人の「エンパワーする個人」との出会いです。


ひとり目は、友人であり、私にとって母のような存在でもあるAさんです。

その人と出会ったのは、まだ会社員をしていた時のこと。

「自分の名前で、自分にしかできない仕事をしたい」と心に決めた、29歳を少し過ぎたばかりの私は、「毎月（新しい人に）150人会って、累計3000人になったら退職する」と〝マイルール〟を決め、仕事帰りや週末の時間を使って様々な集まりに出かけていました。

会社帰りのある日、突然友人から携帯に連絡があり、「今から女子会をやるから来ない？」と声がかかりました。久しぶりに自宅でゆっくり過ごす予定でしたが、たまたま会場が自宅からすぐのレストランだったので、「30分でも顔を出してみようか」と、軽い気持ちで参加することにしたのです。

友人は某テレビ局のアナウンサーということもあり、レストランには20人ほど女性が集まり華やかな雰囲気でしたが、私の目に留まったのは、中でもひときわ大人しそうな若い女性Aさんだったのです。決して地味とかではなく、芯のある強さを秘めた女性という印象を受けました。会食の帰り道、彼女からもらった名刺に早速連絡を入れ、そこから定期的に会う仲に。

10代の頃から友達が多い私でしたが、Aさんとの出会いは格別でした。それまでは「楽しいことが一番！」だったのに、Aさんといると不思議と心が落ち着き、誰にも話したことのない秘密や、心の痛みやコンプレックスを打ち明けるまでになりました。

会社を辞めることへの恐怖に駆られて眠れない時、Aさんとの電話に心が慰められ、安心して眠れた夜は数え切れません。

彼女は母親のような無条件の愛をいつも私に向けてくれました。仕事で失敗して落ち込んだある日、メールでそのことを知ったAさんが自宅のドアノブに小さなブーケ（花束）とお菓子を届けてくれ、帰宅してドアの前でそれを見つけた時、嬉しくてありがたくて、声を出して泣いたこともあります。

なかなか自分に自信が持てない私を、ずっと励まし、変わらずにそばで支えてくれた彼女。

私が自分を信じられなくても、この人が信じてくれるなら頑張れる。

そうやって、会社を辞めた時も、退職後に仕事がない時も、「売れる個人」としてブレイクした時も、心身ともに疲れ切ってしまった時も、何度彼女の存在に励まされたか分かりません。今はなかなか会えなくても、Aさんがこの世界にいるだけで私は前を向いて生きていかれる。心からそう思っています。

「エンパワーする個人」のふたり目は、有限会社エリエス・ブック・コンサルティング代表で、出版プロデューサーの土井英司さんです。

彼との出会いもAさんと同じ2009年で、「会社を辞めて、自分にしかできない生き方をしたい」と密かに情熱を募らせていた頃でした。そして思い切って、土井さんが主催するベストセラー作家養成講座への門を叩いたのです。

講座に通っているあいだ、想いはあるのに退職する踏ん切りがつかない臆病な私に、土井さんはいつだって、「ミッフィー（私のあだ名）ならできる。君には実力があるし、とんでもなく大きなエネルギーがあるのだから」と励まし続けてくれました。

ある夜、当時の私にとっては〝大金〟をはたいて実現させた個人面談の最後に、土井さんは岡本太郎著『自分の中に毒を持て』（青春出版社）を読むように勧めてくれたのです。

「この本は、ミッフィーのためにあるようなものだよ」

翌日、会社近くの書店で買って喫茶店で読み始めると、すぐに全身に電撃が走りました。単身パリに滞在していた岡本太郎が、暮れなずむ夕陽を眺めながら、「安全な道ではなく、危険な道を行く」と覚悟を決めたくだりを目にした時です。

喫茶店だというのに、人目も憚《はばか》らずに私は泣きました。

涙が次から次へとあふれ、体中の震えが止まりませんでした。

本当の自分を生きたい。自分を解放し、世界に向かって思うことを伝えたい。
自分を100%生きた稀代の芸術家・岡本太郎のように、社会に迎合することなく
〝アーティスト〟として生きたい。
魂の叫びが、何度も、何度も、全身を貫きました。
土井さんは、私が持っている潜在的な力と、一歩踏み出すための〝引き金〟はどこに
あるのかを見抜いていてくれていたのです。
臆病な私にとって必要なのは「勇気」、ただそれだけだということを。
そして2週間後、辞表を提出。土井さんから渡されたバトンを握りしめ、〝道なき道〟
を歩く、私の新しい人生が幕を開けたのです。

EPILOGUE

最後まで読んでいただき、ありがとうございます。

「売れる個人」と「売れない個人」の、何が違うのか？

どうしたら、「売れる個人」として幸せに生きられるのだろうか？

こうした疑問から私のこれまでの経験を紐解いていく長い旅は、本書『「売れる個人」のつくり方』を、〝まぐれ当たり〟ではなく多くの人が実践できる具体的な方法として世に出すことで、ひとつの終着点を迎えようとしています。

今感じているのは、ホッとした安堵感と〝長旅〟が終わることへの寂しさが入り混じった不思議な感覚です。

『「売れる個人」のつくり方』のためにご尽力いただいた方々へ、心から御礼を申し上げます。株式会社Clover出版の、特に担当編集である田谷裕章さん、オンラインマーケティング担当の二階堂友美さん、営業本部長の桜井栄一さん、編集協力の尾﨑久美さん、原稿へ助言いただいた株式会社シナモン取締役副社長の家田佳明さん。
皆様のおかげで本書を世に出すことができました。

そして、この本を手に取ってくださっているあなたへ。

たったひとりの存在が、一冊の本が、人を力強く前進させる力になるものです。
あなたが恐怖心に打ち勝ち、自分の道を歩いていくために――。

本書が、その役割を果たすことを願ってやみません。

２０２１年３月吉日　母67歳の誕生日に　安藤美冬

【著者略歴】

安藤 美冬（あんどう・みふゆ）

作家、コメンテーター
InterFM897 番組審議員
日本メンズファッション協会　ベストデビュタントオブザイヤー選考委員
大地の芸術祭オフィシャルサポーター
KLM オランダ航空アンバサダー

1980 年生まれ、東京育ち。
著書累計 19 万部、新しいフリーランス・起業の形をつくった働き方のパイオニア。
慶應義塾大学在学中にオランダ・アムステルダム大学で交換留学を経験。「ワークシェアリング」に代表される、働き方の最先端をいく現地で大きな影響を受ける。新卒で（株）集英社に入社、7 年目に独立。本やコラムの執筆、ブログやラジオ（音声配信）での情報発信をしながら、パソコンとスマートフォンひとつでどこでも働ける自由なノマドワークスタイルを実践中。
KLM オランダ航空、SK- II、インテル、アクエリアスなど様々な企業の広告にも出演、働く女性のアイコン的存在である。
『情熱大陸』『NHK スペシャル』に出演､これまで『Mr. サンデー』『あさチャン!』のコメンテーターを務めるなど、メディア出演多数。
既刊に『新しい世界へ』(光文社)。

■ 公式ブログ　https://ameblo.jp/miffy-andomifuyu/

■ 無料メルマガ（まぐまぐ）　https://www.mag2.com/m/0001692344

■ 旅と仕事と学びのオンラインサロン
『Meetup Lounge』

■ 有料ブックレビューチャンネル
『miffy の Book Journey』
（音声配信）

装　幀／小口翔平＋奈良岡菜摘（tobufune）
本文デザイン・組版／アミークス
編集協力／尾﨑久美
校正協力／永森加寿子
編　集／田谷裕章

「売れる個人」のつくり方

初版1刷発行 ● 2021年4月20日

著者

安藤《あんどう》 美冬《みふゆ》

発行者

小田 実紀

発行所

株式会社Clover出版

〒101-0051 東京都千代田区神田神保町3丁目27番地8　三輪ビル5階　Tel.03(6910)0605　Fax.03(6910)0606
https://cloverpub.jp

印刷所

日経印刷株式会社

ISBN978-4-86734-017-2　C0030